Lieblings-plätze

BERLIN
NACHHALTIG

Lieblingsplätze

BERLIN NACHHALTIG

ELISABETH GREEN

QR-Code einscannen und kostenloses E-Book anfordern.

Autor und Verlag haben alle Informationen geprüft. Gleichwohl wissen wir, dass sich Gegebenheiten im Verlauf der Zeit ändern, daher erfolgen alle Angaben ohne Gewähr. Sollten Sie Feedback haben, bitte schreiben Sie uns! Über Ihre Rückmeldung zum Buch freuen sich Autor und Verlag: lieblingsplaetze@gmeiner-verlag.de

Sofern nicht im Folgenden gelistet, stammen alle Fotos von Grit Siwonia:
© JFL Photography – stock.adobe.com 12; Michael Bußmann – pixabay.de 14; ©Max – stock.adobe.com; © laudibi – stock.adobe.com 164; MeerSommer – stock.adobe.com 190

Besuchen Sie uns im Internet:
www.gmeiner-verlag.de

1. Auflage 2020
© 2020 – Gmeiner-Verlag GmbH
Im Ehnried 5, 88605 Meßkirch
Telefon 07575/2095-0
info@gmeiner-verlag.de
Alle Rechte vorbehalten

Lektorat/Redaktion: Ricarda Dück
Herstellung: Julia Franze
Umschlaggestaltung: Benjamin Arnold/Susanne Lutz
unter Verwendung der Illustrationen von © SimpLine – stock.adobe.com;
© alekseyvanin – stock.adobe.com; © SG- design – stock.adobe.com; © VRD – stock.adobe.com; © jacartoon – stock.adobe.com; © Olha Kozachenko – stock.adobe.com; © Katrin Lahmer; © Benjamin Arnold
Bildbearbeitung: Susanne Lutz
Kartendesign: © Maps4News.com/HERE
Druck: Westermann Druck Zwickau GmbH
Printed in Germany
ISBN 978-3-8392-2612-4

	Vorwort • Nachhaltigkeit ist nur der Anfang	
	Grünes Berlin	10
1	**Zentrum** • Stadtwanderung durch Berlin	
	Alternatives Sightseeing	15
2	**Kreuzberg** • Engelbecken	
	Alte Wasserstraßen neu belebt	17
3	**Kreuzberg** • Urban Gardening in den Prinzessinnengärten	
	Unsere Oase in der Stadt	19
4	**Kreuzberg** • Supermarkt *Bio Company Yorckstraße*	
	Bio-Laden mit Extras	21
5	**Kreuzberg** • Park am Gleisdreieck	
	Moderne Erholung	23
6	**Kreuzberg** • Naturkosmetikladen Belladonna	
	Gesunde Schönheit	25
7	**Kreuzberg** • Viktoriapark	
	Ein Park und sein Denkmal	27
8	**Kreuzberg** • Hasenheide mit Minigolfplatz und Tiergarten	
	Ein Tag im Grünen	29
9	**Kreuzberg** • Admiralbrücke	
	Ein Platz für alle	31
10	**Kreuzberg** • Fair-Fashion-Laden Folkdays	
	Grüne Mode, die Spaß macht	33
11	**Kreuzberg** • Markthalle Neun	
	Alles dreht sich ums Essen	35
12	**Kreuzberg** • Speisewirtschaft und Metzgerei *Kumpel & Keule*	
	Es darf mal wieder Fleisch sein	37
13	**Kreuzberg** • Lebensmittelladen *Original Unverpackt*	
	Es geht auch ohne!	39
14	**Kreuzberg** • Kinderbauernhof auf dem Görlitzer	
	Streichelzoo im Park	41
15	**Treptow** • Grenzwachturm *Führungsstelle Schlesischer Busch*	
	Mauerdenkmal in der Natur	43
16	**Friedrichshain** • Alternative Bootsfahrt mit *SolarWaterWorld*	
	Emissionsfrei im Wasser	45
17	**Friedrichshain** • East Side Gallery	
	Deutsch-deutsche Geschichte	47

18	**Friedrichshain** • Spielplatz am Rudolfplatz	
	Aus Alt mach Neu	49
19	**Friedrichshain** • Halbinsel Stralau	
	Insel inmitten der Großstadt	51
20	**Friedrichshain** • Vegan-Fair-Fashion-Laden Loveco	
	Vegane Mode kann so schön sein	53
21	**Friedrichshain** • Bio-Hotel Almodóvar mit Bistro Bardot	
	Stilvoll und nachhaltig schlafen	55
22	**Friedrichshain** • Bistro *Bio Fein Bio*	
	Orientalisch, vegetarisch, lecker	57
23	**Friedrichshain** • Craft-Eisdiele *Chipi Chipi Bombón*	
	Nachhaltiges Traditionshandwerk	59
24	**Friedrichshain** • Naturkosmetik-Showroom Amazingy	
	Für jede Bestellung ein Baum	61
25	**Friedrichshain** • Restaurant *Rembrandt-Burger*	
	Fast Food vom Feinsten	63
26	**Friedrichshain** • Freiluftkino Friedrichshain im Volkspark	
	Alles unter einem Himmel	65
27	**Prenzlauer Berg** • Eisdiele *Rosa Canina*	
	Handarbeit mit besten Zutaten	67
28	**Prenzlauer Berg** • Fair-Fashion-Laden Wertvoll	
	Wertvoll für Mensch und Umwelt	69
29	**Prenzlauer Berg** • Naturkosmetikladen Ponyhütchen	
	Handgefertigt und vegan	71
30	**Prenzlauer Berg** • Brauerei und Gasthaus *Schoppe Bräu*	
	Natürliche Qualität zum Trinken	73
31	**Prenzlauer Berg** • LPG Biomarkt	
	Regional und bio für alle	75
32	**Prenzlauer Berg** • Ökomarkt am Kollwitzplatz	
	Markttreiben auf hohem Niveau	77
33	**Prenzlauer Berg** • Barbershop Rowdy	
	Haarige Männerpflege mit Stil	79
34	**Prenzlauer Berg** • Eisdiele Tribeca	
	Natürlich durch und durch	81
35	**Prenzlauer Berg** • Friseur *Holfeld und Bochnik*	
	Aveda-Lifestyle-Salon	83
36	**Prenzlauer Berg** • Naturkosmetikgeschäft und -salon Tiaré	
	Pionierarbeit	85

37	**Prenzlauer Berg** • Blumencafé und -laden	
	Bio-Essen für Pflanzenfreunde 🍴	87
38	**Prenzlauer Berg** • Saft- und Smoothie-Bar *The Juicery*	
	Einmal gesund, bitte! 🍴	89
39	**Mitte** • Lokal *Superfoods & Organic Liquids*	
	Schnell nahrhaft schlemmen 🍴	91
40	**Mitte** • Bäckereifiliale *Zeit für Brot*	
	Altes Handwerk im modernen Gewand 🍴	93
41	**Mitte** • Laden der Modemarke *Ecoalf*	
	Nachhaltig auf ganzer Linie	95
42	**Mitte** • Teeladen *Paper & Tea*	
	Genuss im edlen Gewand	97
43	**Mitte** • Bistro-Restaurant *Good Bank*	
	Selbstangebauter Salat in der Stadt 🍴	99
44	**Mitte** • Laden der Naturkosmetikmarke *Oliveda*	
	Made by nature	101
45	**Mitte** • Möbel- und Schlafwelt der Firma *Grüne Erde*	
	Nachhaltiges Zuhause	103
46	**Mitte** • Restaurant *Kopps*	
	Vegan, lokal, gesund 🍴	105
47	**Mitte** • Restaurant *Lokal*	
	Der Name ist Programm 🍴	107
48	**Mitte** • Café *Princess Cheesecake*	
	Patisserie vom Feinsten	109
49	**Mitte** • Restaurant *Katz Orange*	
	Slow Food im Hinterhof 🍴	111
50	**Mitte** • Selbstbedienungsrestaurant *momos*	
	Bewusste Esskultur 🍴	113
51	**Mitte** • Museum für Naturkunde	
	Schauen, entdecken und forschen	115
52	**Wedding** • Rosengarten im Volkspark Humboldthain	
	Schönheit, Ruhe und Romantik	117
53	**Wedding** • Kindermuseum Labyrinth	
	Umweltbewusstsein einfach gemacht	119
54	**Wedding** • Gemeinschaftsgarten Himmelbeet	
	Preisgekrönte Begegnungsstätte	121
55	**Schöneberg** • Hotel *Lulu Guldsmeden*	
	Nachhaltig residieren	123

56	**Schöneberg** • Cocktail-Bistro Bonvivant	
	Vegan trinken und essen gehen 🍴	125
57	**Tempelhof** • Tempelhofer Feld	
	Die größte Grünfläche Berlins 👪	127
58	**Neukölln** • Fair-Fashion-Laden Jyoti	
	Deutsch-indisches Modelabel	129
59	**Neukölln** • Zero-Waste-Café Isla Coffee	
	Leckerer Bio-Kaffee ohne Müll 🍴	131
60	**Neukölln** • Weinbar Jaja	
	Naturweine zu französischer Küche 🍴	133
61	**Neukölln** • Café-Bistro Dots	
	Frisch und organisch 🍴	135
62	**Neukölln** • Rettermarkt Sirplus	
	Lebensmittel vor der Tonne bewahren	137
63	**Neukölln** • Café Pêle-Mêle	
	Für Veganer und Kulturfreunde 🍴	139
64	**Neukölln** • Körnerpark	
	Von der Kiesgrube zum Freizeitareal	141
65	**Neukölln** • BSR-Recyclinghof Britz	
	Entsorgung mit Nachhaltigkeitskodex	143
66	**Neukölln** • Britzer Garten und Mühle	
	Ein Blumenmeer muss her 👪	145
67	**Oberschöneweide** • Volkspark Wuhlheide	
	Sport, Spiel, Unterhaltung 👪	147
68	**Oberschöneweide** • Freizeit- und Erholungszentrum FEZ mit Öko-Insel	
	Spaß im grünen Klassenzimmer 👪	149
69	**Köpenick** • Müggelberge und Seen	
	Berlins natürliche Superlative 👪	151
70	**Köpenick** • Neu-Venedig	
	Natur und Mensch im Einklang	153
71	**Weißensee** • Weißer See mit Strandbad	
	Feinste Wasserqualität 👪	155
72	**Hohenschönhausen** • Naturhof Malchow	
	Umweltbildung für Entdecker 👪	157
73	**Pankow** • Schlosspark Schönhausen	
	Ruhig durchatmen	159

74	**Pankow** • Kinderbauernhof Pinke-Panke *Abenteuerspielplatz und Tierliebe*	161
75	**Charlottenburg** • Waldhochseilgarten Jungfernheide *Ein aktiver Tag im Wald*	163
76	**Charlottenburg** • Schlosspark und Schloss Charlottenburg *Über 300 Jahre alte Gartenkunst*	165
77	**Grunewald** • Drachenberg *Das Wandern ist des Menschen Lust*	167
78	**Grunewald** • Teufelsberg *Nachhaltige Entwicklung*	169
79	**Grunewald** • Naturschutzzentrum Ökowerk Berlin *Platz für große Entdeckungen*	171
80	**Wilmersdorf** • Demeter-Vollkornbäckerei Weichardt-Brot *Erste ihrer Art in Berlin*	173
81	**Wilmersdorf** • Wassermuseum mit Wasserwerkstatt *Planschen, matschen, lernen*	175
82	**Steglitz** • Naturkaufhaus *Gesundheit, Genuss und Schönheit*	177
83	**Lichterfelde** • Botanischer Garten *Highlight für Pflanzenliebhaber*	179
84	**Dahlem** • Landgut und Museum *Domäne Dahlem* *Bio-Hof für Groß und Klein*	181
85	**Zehlendorf** • Kinder- und Jugendfreizeiteinrichtung Sonnenhaus *Naturpädagogischer Abenteuerspielplatz*	183
86	**Zehlendorf** • Schlachtensee *Baden, paddeln, schlemmen*	185
87	**Spandau** • Vierfelderhof *Landwirtschaft trifft Leidenschaft*	187
88	**Wannsee** • Galerie *Mutter Fourage* mit Hofcafé und Gärtnerei *Kunst, Natur und Feinkost*	189
89	**Wannsee** • UNESCO-Weltkulturerbe Pfaueninsel *Königliches Naturschauspiel*	191

GRÜNES BERLIN
Nachhaltigkeit ist nur der Anfang

Mehr als 1.000.000 Bäume, 2.500 Parks und 20 Badeseen – was wie die Aufzählung für eine Landschaft klingt, beschreibt in Wirklichkeit die deutsche Hauptstadt. Berlin ist deutlich grüner, als viele denken, und besitzt jenseits von Tiergarten und Wannsee unzählige idyllische, naturnahe und nachhaltige Plätze. Eben jene Zahlen waren für mich der Antrieb, dieses Buch zu verfassen. Denn nur wenn die Schönheit der Natur von den Bewohnern und Besuchern meiner Heimatstadt wahrgenommen wird, werden auch von Mensch und Politik Bestrebungen unternommen, diese zu erhalten oder sogar zu verbessern.

Inzwischen lassen sich die grünen Seiten Berlins nicht mehr ausschließlich in der Natur erleben. Immer mehr Geschäfte, Restaurants und Projekte verdienen sich das Prädikat, nachhaltig zu wirtschaften. Das tun diese meist nicht aus Eigennutz, um beispielsweise höhere Preise zu erzielen. Vielmehr wächst zunehmend das Bewusstsein, dass jeder Einzelne Verantwortung für die Gestaltung des städtischen Raums trägt und damit auch Einfluss auf die Entwicklung des gesamten Landes nimmt. Ganz nach dem Motto: »Wenn Konsum, dann nachhaltig!«

Für viele stellt sich dabei immer wieder die Frage, was Nachhaltigkeit überhaupt bedeutet und wie man entsprechende Angebote erkennt. Diese Unklarheit stellt bereits für Einheimische manchmal ein Hindernis dar, das für Touristen in fremder Umgebung umso schwieriger zu überwinden ist. Denn nicht jedes vermeintlich »grüne« Restaurant wirtschaftet auch wirklich nach den entsprechenden Kriterien, und nicht jeder Betrieb wirbt mit »Öko«, obwohl er nach diesem Prinzip handelt. Daher habe ich mich in den letzten Jahren intensiv mit genau dieser Frage befasst, um nun Sie – egal ob Gast oder Berliner – mitzunehmen auf einen Streifzug zu meinen liebsten grünen Plätzen in der Hauptstadt. Und davon gibt es einige! Denn Nachhaltigkeit ist längst kein Thema mehr für kleine Läden mit angestaubtem Image und überschaubarer Kundschaft. In Berlin ist Grün längst das neue Schwarz.

Auch ich möchte einen Beitrag leisten und informieren. Zum einen mit diesem Buch und meinem Blog *www.elisabethgreen.com*, auf dem ich seit Jahren über meinen grünen Lebensstil in Berlin berichte, dadurch im Bereich Nachhaltigkeit ein Privileg genieße und dieses gerne teilen möchte. Zum anderen als Bewohnerin dieser Stadt, meiner Heimatstadt, um die Bemühungen und Anstrengungen von eben denjenigen hervorzuheben, die nachhaltigen Konsum und grüne Freizeit für uns ermöglichen.

Nicht immer ist es einfach, als Unternehmen, Lokal oder Einmannbetrieb auf die vermeintlich modernen Errungenschaften der Wirtschaft zu verzichten: angefangen bei der Verbannung von Coffee-to-go-Bechern und Plastikstrohhalmen über die Nutzung von Bio-Baumwolle bis hin zur verantwortungsvollen Produktion in fernen Ländern. Denn unsere Verpflichtung endet nicht an der Stadtgrenze, teilen wir uns doch diesen Planeten mit Milliarden von Menschen und noch mehr Tieren. Um unsere Erde sowie die Schönheit der Natur für unsere Kinder, Enkel und noch zahlreiche weitere Generationen zu bewahren, lohnt sich jeder Einsatz.

Vor diesem Hintergrund wünsche ich Ihnen viel Spaß beim Entdecken meiner grünen, nachhaltigen Lieblingsplätze im schönen Berlin. Unsere Reise beginnt im Herzen der Hauptstadt und führt uns spiralförmig in die äußeren Bezirke bis nach Wannsee. Auch wenn nicht jeder Spot auf den ersten Blick als nachhaltig zu erkennen ist – verantwortungsvolles Leben findet überall auf verschiedenste Weise statt: durch politische Teilhabe ebenso wie beim Einkauf oder bei der Freizeitgestaltung. Sei es bei Mußestunden unter freiem Himmel, beim Shoppen in verpackungsfreien Läden, bei der Übernachtung in grünen Hotels oder beim Schlemmen in umweltbewusst geführten Lokalen. Viel Vergnügen beim nachhaltigen Genießen der grünen Seiten Berlins!

Elisabeth Green

Wussten Sie, dass Berlin zu den zehn grünsten Hauptstädten Europas zählt? Die deutsche Metropole nimmt in diesem Ranking immerhin Platz neun ein und bietet damit eine sehr hohe Lebensqualität!

1

Stadtwanderung durch Berlin
Startpunkt: Weltzeituhr
Alexanderplatz 1
10178 Berlin
www.weltzeituhr-berlin.de

Informationen:
BerlinOnline Stadtportal
Alte Jakobstraße 105
10969 Berlin
www.berlin.de/tourismus/touren

ALTERNATIVES SIGHTSEEING
Stadtwanderung durch Berlin

Wer eine Berlinreise unternimmt, möchte so viel wie möglich sehen. Das gilt auch für manchen Bewohner, der seinen Urlaub zu Hause verbringt. Die Metropole beheimatet zahlreiche Sehenswürdigkeiten und historische Plätze. Schier unüberschaubar ist das Angebot an diversen geführten Touren. Eine grüne Alternative bietet eine Stadtwanderung auf eigene Faust. Zu Fuß und mit den öffentlichen Verkehrsmitteln zu den Höhepunkten Berlins und dabei selbst Tempo und Pausenzeiten bestimmen!

Das Hauptstadt-Onlineportal empfiehlt unter *Berlin an einem Tag* einen Streifzug, der von Ost nach West führt. Gestartet wird an der Weltzeituhr auf dem Alexanderplatz. Am höchsten Gebäude Deutschlands – dem Fernsehturm – kommt man nicht vorbei. Für den schönen Ausblick von oben bucht man sich besser vorab ein Onlineticket. Weiter geht es zum historischen Nikolaiviertel, vorbei am Neptunbrunnen, der Marienkirche und dem Roten Rathaus. Entlang der Spree spaziert man im Anschluss zur Museumsinsel. Auf der Landzunge sollte man etwas mehr Zeit einplanen und durch eine der Ausstellungen streifen. Ein Abstecher zum Gendarmenmarkt mit seinen historischen Bauten muss sein. Das Brandenburger Tor, *das* Symbol der deutschen Teilung und Wiedervereinigung, erreicht man über die Straße Unter den Linden. Seit 2005 steht davor das Holocaust-Mahnmal.

Der Weg führt weiter zum Potsdamer Platz, mit vielen Restaurants, die zu einer Pause einladen. Das *Sony Center* besticht mit seiner besonderen Architektur. Zum Regierungsviertel bringt einen danach der Bus M85. Mit der Linie 100 erreicht man anschließend Zoo und Gedächtniskirche. Wer die Füße jetzt noch spürt, macht einen Abstecher in den Tiergarten oder bummelt über die Einkaufsmeile Kurfürstendamm und Tauenzienstraße, an der das beliebte Kaufhaus *KaDeWe* liegt.

Die Tour kann selbstverständlich abweichend gestaltet werden. Tipps und Anregungen finden sich auf dem Hauptstadtportal *Berlin.de*.

Zur Weltzeituhr bringen Sie die U-Bahn-Linien 5 und 8 sowie die Busse 142 und 248. Auch für die Rückfahrt bietet sich der öffentliche Nahverkehr an.

Engelbecken
Engeldamm/Michaelkirchplatz
10179 Berlin

Café am Engelbecken
Michaelkirchplatz/
Engelbecken
10179 Berlin
030 28376816
www.cafe-am-engelbecken.de

ALTE WASSERSTRASSEN NEU BELEBT
Engelbecken

Die Berliner sind dafür bekannt, bei den ersten Sonnenstrahlen ins Freie zu strömen, um die grünen Seiten ihrer Stadt zu genießen und Cafés zu bevölkern. Dazu passt hervorragend ein Besuch des Engelbeckens mit seiner Gartenanlage. Seinen Namen verdankt das Gewässer der Engelsfigur auf der Kuppel der gegenüberliegenden St. Michaelkirche.

Mitte des 19. Jahrhunderts entstand der Luisenstädtische Kanal mit Hafenbecken. Die Wasserstraße verband den Landwehrkanal mit der Spree. Genutzt wurde sie nach der Eröffnung zum Transport von Baumaterial für die Luisenstadt. Bauern aus dem Spreewald verkauften im Engelbecken ihre Waren. Später begann das Wasser unangenehm zu riechen, da das Gefälle nicht stimmte. In den 20er-Jahren des 20. Jahrhunderts wurde der Kanal wieder aufgefüllt – mit Ausnahme des Engelbeckens. Auf dem Gelände rundherum entstand eine herrliche Grünanlage. Nach dem Zweiten Weltkrieg wurde jedoch überall Platz für die Trümmer gebraucht und das Becken zugeschüttet. Die Berliner Mauer trennte das Gelände zwischen Kreuzberg und Mitte. Hier verlief der sogenannte Todesstreifen. Nach dem Fall der Mauer begann man mit der Freilegung. Überraschend war der Fund des historischen indischen Brunnens mit der eingeschmolzenen Buddha-Figur. Heute steht er wieder an seinem Platz im südlich angelegten Rosengarten, der ein wahres Schmuckstück ist.

Im See plätschern 16 Wasserfontänen. Während eines Spaziergangs über das Areal eröffnen sich wunderbare Aussichten. Besonders beeindruckend ist der Blick auf die St. Michaelkirche. Schönheit und Ruhe an diesem Platz sind Balsam für die Seele inmitten der quirligen Hauptstadt. Das *Café am Engelbecken* versorgt Spaziergänger mit Speisen und Getränken. Große Sonnenschirme spenden Schatten.

In der kalten Jahreszeit können es sich die Gäste im Wintergarten bequem machen. Wenn das Gewässer zugefroren ist, heißt es auch: Schlittschuhe auspacken und rauf aufs Eis!

Nehmen Sie die U-Bahn-Linie 8 bis zur Station Heinrich-Heine-Straße. Den Rest des Weges kann man zu Fuß gehen. Günstig sind ebenfalls die Buslinien M29 sowie 147 bis zum Heinrich-Heine-Platz.

3

Prinzessinnengarten am Moritzplatz
(April/Mai–Oktober)
Prinzenstraße 35–38
10969 Berlin
www.prinzessinnengarten.net

Standort St.-Jacobi-Friedhof
Hermannstraße 99
12051 Berlin

UNSERE OASE IN DER STADT
Urban Gardening in den Prinzessinnengärten

Kreuzberg übt eine Faszination auf Berlin-Besucher und Ortsansässige aus. Im Kiez mischen sich alle Bevölkerungsgruppen – und entsprechend vielschichtig und bunt ist das Leben. Nachhaltige Plätze und Geschäfte sind reichlich vorhanden. Ein Vorzeigeprojekt sind die Prinzessinnengärten am Moritzplatz.

Die lange ungenutzte Fläche war zu einem Müllplatz verkommen. Seit 2009 leisten auf dem Gelände vor allem Freiwillige hervorragende Arbeit. Entstanden ist ein urbaner Garten mit über 500 Gemüse- und Kräutersorten. Alles wächst in reiner Bio-Erde. Bienenvölker lassen es sich gut gehen, und ein eigener Kompost sorgt für besten Dünger. Hochbeete, Reissäcke und recycelte Gefäße bieten jeder Pflanze die passende Heimstatt. Besucher können pflanzen, ernten, Gemüse verarbeiten und konservieren. Der praktische Umgang mit der Natur, die Erfahrung, mit eigenen Händen etwas Wertvolles zu schaffen, beglückt viele Großstädter auf eine besondere Weise. Für die gesamte Ausstattung wurden gebrauchte Materialien wiederverwendet. Umgebaute Überseecontainer dienen als Bar, Küche, Werkstatt und Lagerräume. Gemütliche Sitzecken mit Tischen bieten ein idyllisches Ambiente, in dem man ein gutes Mittagessen mit frisch geernteten Zutaten genießen kann. Getränke, heiß oder kalt, werden ebenfalls angeboten. Es ist ein Gemeinschaftsort gewachsen, an dem sich Familien und Freunde tummeln und Kinder die Möglichkeit haben, mit der Natur hautnah in Berührung zu kommen.

Die ersten zehn Jahre existierte keine städtische Förderung. Pacht, Personal, Material und Ausbau wurden durch die Einnahmen aus Gastronomie und Gartenbau sowie durch Führungen und Vorträge finanziert. Ende 2019 stand das Projekt kurz vor dem Aus, bevor in letzter Sekunde die Genehmigung öffentlicher Mittel den Fortbestand garantierte – ein wichtiges Signal für eine nachhaltige sozial-ökologische Stadtgestaltung.

Jeden zweiten Sonntag findet der *Flowmarkt* statt! Seit 2020 bietet ein zweiter Standort auf Teilflächen des St.-Jacob-Friedhofes noch mehr Platz zum Gärtnern und Verweilen in der Natur.

Die U-Bahn-Linie 8 bringt Besucher direkt bis zum Moritzplatz.

BIO-LADEN MIT EXTRAS
Supermarkt *Bio Company Yorckstraße*

In der Großstadt leben und einkaufen so wie auf dem Land, das wünschen sich viele. Führend unter den Bio-Märkten in Berlin ist die *Bio Company*. Eine überdimensionale Verkaufsfläche befindet sich in der Yorckstraße in Kreuzberg, angrenzend an Schöneberg.

Das Sortiment ist entsprechend umfangreich und gut sortiert. Die Zusammenarbeit mit Landwirten aus dem Umland garantiert einen hohen Anteil regionaler Waren. Eine Frischetheke für Fleisch- und Wurstwaren spart Verpackungen. Die Mitarbeiter informieren über Herkunft und artgerechte Haltungsbedingungen. Gute Tipps für die Zubereitung gehören dazu. Obst und Gemüse bester Qualität, Naturkosmetik, Textilien, Milchprodukte, Getränke und Wein ergänzen unter anderem das Vollsortiment. Backwaren, Kuchen, Torten und Plätzchen erhält man frisch am separaten Stand. Für den kleinen und großen Hunger wird ein Mittagstisch angeboten. Saisonabhängig können die Kunden den Außenbereich des Bistros nutzen. Die geräumige Fläche bietet im Eingangsbereich zudem Platz für wechselnde Pop-up-Stores.

Das Unternehmen *Bio Company* verfolgt das Konzept der Nachhaltigkeit nicht nur beim Warensortiment. Heizung und Strom unterliegen ebenfalls diesen Ansprüchen. Eine Besonderheit ist das frisch gefilterte Leitungswasser aus einer Umkehrosmoseanlage. Jeder Kunde kann seinen eigenen Behälter mitbringen und mit köstlichem Wasser füllen, völlig frei von belastenden Stoffen. Bei Bedarf werden die Gefäße auch verkauft. Das ist gut für die Umwelt und spart Geld.

Die *Bio Company* bietet darüber hinaus ihren Kunden Rabattkarten mit einem Punktesystem an. Großartig ist die Karte für Kitas und Tagesmütter. Die gesunde Ernährung der Jüngsten ist schließlich besonders wichtig. Studenten und Auszubildende genießen ebenfalls Rabatt-Vorteile.

Fahrradständer und bei Bedarf auch hauseigene Parkplätze sind vor Ort vorhanden.

Die *Bio Company* liegt verkehrsgünstig am U- und S-Bahnhof Yorckstraße.

Park am Gleisdreieck
Möckernstraße 26
10963 Berlin

Lok6
Am Lokdepot 6
10965 Berlin
030 57792779
www.lok6.de

MODERNE ERHOLUNG
Park am Gleisdreieck

Mitten in der Stadt liegt der Park am Gleisdreieck, der sich ideal für die erholsame und aktive grüne Freizeitgestaltung eignet. Nicht umsonst wurde er mehrfach für seine Gestaltung ausgezeichnet.

Das Areal wurde bereits im 19. Jahrhundert als Güter- und Postbahnhof genutzt. Nach seiner Zerstörung im Zweiten Weltkrieg entwickelte es sich langsam zu einem brachliegenden Gelände. Historische Bahngleise und Signalanlagen sind teilweise erhalten. Der Ost- und Westpark der heutigen Grünfläche wurden von 2011 bis 2013 fertiggestellt. Ideen der Berliner Bevölkerung fanden in den Planungen Berücksichtigung. Den Wünschen nach aktiver Erholung und Entspannung in ruhiger Atmosphäre wurde entsprochen.

Ausgedehnte Wiesen mit Baumgruppen und idyllisch angelegten Wegen laden zum Spaziergang und Picknick ein. Während der ungenutzten Jahre ist eine eigene wilde Vegetation entstanden, die in die Gartenarchitektur integriert wurde. Der Naturraum ist vor allem für Kinder interessant. Erfahrungen mit Tieren und Pflanzen können hautnah erlebt werden. Mehrere Spielplätze sorgen zudem für Abwechslung. Skater nutzen eine große Anlage für ihr Vergnügen, Läufer trainieren ihre Ausdauer und Radfahrer drehen ohne lästigen Verkehr ihre Runden.

Schön und sozial ist der *Interkulturelle Garten Rosenduft*, der 2006 von Flüchtlingen aus Bosnien und Herzegowina gegründet wurde. Menschen unterschiedlicher Nationalitäten bringen sich mittlerweile ein, gärtnern und feiern bei dem Projekt gemeinsam.

Zwischen Gleisdreieckpark und Viktoriapark befindet sich das Restaurant *Lok6*, in dem täglich lecker gekocht wird. Es bietet regionale und saisonale Gerichte mit wechselndem Mittagstisch. Das Fleisch stammt aus artgerechter Tierhaltung. Der tolle Ausblick in die Natur sorgt für Hochgenuss.

Die Anfahrt erfolgt mit der U- und S-Bahn über die Station Yorckstraße.

Belladonna Naturkosmetik
Bergmannstraße 107
10961 Berlin
030 69040333
www.belladonna-naturkosmetik.de

GESUNDE SCHÖNHEIT
Naturkosmetikladen Belladonna

Die Bergmannstraße in Kreuzberg lockt Berliner und Touristen mit Cafés, Restaurants und vielen kleinen Läden. Im Kiez kann man gemütlich spazieren gehen, stöbern und viel Interessantes entdecken. Der Naturkosmetikladen *Belladonna* ist unbedingt einen Abstecher wert.

Seit 1990 dreht sich hier alles um Naturkosmetik. Das geräumige und hübsch gestaltete Geschäft bietet viel Raum für ein umfangreiches Angebot. Alle bekannten großen Naturkosmetikmarken sind in beachtlicher Vielfalt vertreten, aber auch kleine innovative Hersteller finden bei *Belladonna* ihren Platz. Sämtliche Unternehmen verbindet ein grünes Konzept: Die Produkte sind frei von potenziell schädlichen Inhaltsstoffen, ökologisch hergestellt, fair gehandelt, ohne Tierversuche entwickelt und/oder zertifiziert.

Beratung steht bei *Belladonna* an oberster Stelle, damit sich das Passende für jeden Typ und Anlass findet. Das kompetente Fachpersonal mit langjähriger Erfahrung steht den Kunden bei allen Bedürfnissen zur Seite. Sowohl Frauen als auch Männer finden die für sie geeignete Pflege. Natürlich besteht darüber hinaus die Möglichkeit, sich für besondere Events schminken zu lassen. Im angeschlossenen Kosmetiksalon kann – nach vorheriger Terminvereinbarung – eine Behandlung erfolgen, die auf die Kundenwünsche abgestimmt ist. Verwendet wird hierfür ebenfalls nur Naturkosmetik.

Das Sortiment umfasst zudem eine breite Auswahl dekorativer Kosmetikartikel wie zum Beispiel Make-up, Lidschatten und Mascara. Vervollständigt wird das Angebot von Parfum, Baby- und Kinderpflege sowie ätherischen Ölen.

Seit einiger Zeit führt das Fachgeschäft auch farbenfrohe Textilien, die Badezimmer und Küche zum Blickfang werden lassen.

Günstig zu erreichen ist das *Belladonna* mit der U-Bahn-Linie 6 über den Bahnhof Platz der Luftbrücke.

7

Viktoriapark
Eingang: Kreuzberg-
straße 15
10965 Berlin

Golgatha Biergarten
Katzbachstraße
10965 Berlin
030 7852453
www.golgatha-berlin.de

EIN PARK UND SEIN DENKMAL
Viktoriapark

Der immerhin 66 Meter hohe Kreuzberg im gleichnamigen Bezirk wird von einem Nationaldenkmal geschmückt. Errichtet wurde das von Schinkel entworfene Monument im Jahr 1821 nach dem Sieg über Napoleon. Die Aussicht über die Stadt von oben ist unglaublich. Fast 70 Jahre sollten vergehen, bis mit dem Viktoriapark eine angemessene Umgebung geschaffen wurde. Die grüne Oase wird heute als Gartendenkmal geführt.

Gebirgsähnliche Strukturen mit einem großen künstlich angelegten Wasserfall – der Wolfsschlucht –, vielen Quellen und Wegen zeichnen die Grünanlage aus. Idyllisch wirkt der Teich mit einer Bronzeskulptur am Ufer. Eine Erweiterung des Parks begann im Jahr 1913. Diese damals neu entstandene Fläche ist vor allem durch weitläufige Wiesen geprägt. Später folgten ein Sport- und Spielplatz sowie ein Tiergehege.

Ein herrlicher Rosengarten lädt heute zum Verweilen ein. Einige Weinreben erinnern noch daran, dass auf dem Kreuzberg bereits vor Jahrhunderten Wein angebaut wurde. Das hügelige Gelände eignet sich im Winter für Schlittenfahrten. An diesem Platz vereinen sich Romantik, Erholung und Aktivität auf wunderbare Weise.

Die gastronomische Versorgung übernimmt das Restaurant *Golgatha*. In den Sommermonaten sind die zahlreichen Außenplätze sehr gefragt. Neben einem breiten Getränkesortiment werden Spezialitäten vom Holzkohlengrill, Fleischgerichte, Suppen und hausgemachte Salate angeboten. Das Fleisch stammt aus artgerechter Tierhaltung. Für Liebhaber der vegetarischen oder veganen Küche findet sich ebenfalls eine Auswahl. Am Abend darf getanzt werden. Der Eintritt ist frei.

Die Aussicht über Kreuzberg entlohnt die kleinen Anstrengungen des Aufstiegs allemal!

Die Anfahrt ist mit der S-Bahn über Yorckstraße, mit der U-Bahn über die Bahnhöfe Yorckstraße, Mehringdamm und Platz der Luftbrücke möglich.

8

Minigolfplatz Hasenheide
Hasenheide 81
10967 Berlin
030 6931362
www.minigolfplatz-
hasenheide.de

Freiluftkino Hasenheide
Hasenheide
10967 Berlin
030 2834603
www.freiluftkino-
hasenheide.de

EIN TAG IM GRÜNEN
Hasenheide mit Minigolfplatz und Tiergarten

Eine beliebte Freizeitgestaltung für Erwachsene und Kinder ist das Minigolfspiel. Im Volkspark Hasenheide befindet sich nahe des Eingangs eine 18-Loch-Anlage. Nach einer prall gefüllten Arbeitswoche, in den Ferien oder bei touristischen Touren durch die Hauptstadt bietet eine Partie im Grünen einen herrlich erholsamen Ausgleich.

Üppige Bäume spenden während der Sommermonate Schatten. Die Bänke auf dem Minigolfplatz dienen der Überbrückung von Wartezeiten und laden zu einer Snackpause ein. Die notwendige Ausrüstung erhalten die Besucher mit dem Erwerb der Eintrittskarte. Größere Gruppen sollten sich vorher anmelden.

Vor oder nach dem Spiel lohnt ein Spaziergang durch den Park. Im 17. Jahrhundert lebten auf dem Areal Hasen im Gehege. Im 18. und 19. Jahrhundert wurde das Gelände militärisch genutzt. Ebenfalls im 19. Jahrhundert begann die Nutzung der Grünfläche zur sportlichen Betätigung und als Vergnügungspark. Die Hasenheide ist satt an Natur, viele kleine und größere Wege führen hindurch.

Kinder nutzen die autofreie Zone mit ihren Rollern und Zweirädern. Sehr beliebt ist zudem der kleine Tiergarten, in dem Gäste aus aller Welt ein Zuhause gefunden haben. Die Pfauen kann man oft freilaufend auf den umliegenden Wegen erleben. Ein weiteres Highlight für Kinder ist der liebevoll gestaltete Märchenspielplatz. Piratenschiff, Tierfiguren und Palmen sind aus Holz gemacht. Wer es lieber ruhig mag, schlendert durch den malerischen Rosengarten oder nimmt auf einer Bank Platz und bestaunt die Blütenpracht.

Während der warmen Jahreszeit lädt das *Freiluftkino Hasenheide* mit einem abwechslungsreichen Programm zum Filmabend ein. Getränke und kleine Speisen können mitgebracht werden.

Nehmen Sie die U-Bahn-Linien 7 oder 8 bis zum Bahnhof Hermannplatz.

9

Admiralbrücke
Admiralstraße
10967 Berlin

EIN PLATZ FÜR ALLE
Admiralbrücke

Zweifelsohne gehört Kreuzberg zu den angesagten Bezirken Berlins. Hier kann jeder sein, wie er möchte. Künstler, Politiker, Arbeiter, Studenten, Philosophen, Touristen und Überlebenskünstler tummeln sich auf den Straßen und Plätzen, in Restaurants, Cafés und Bars. Zu den beliebtesten Treffpunkten gehört die Admiralbrücke, die Plan- und Fraenkelufer am Landwehrkanal miteinander verbindet.

Die Überquerung wurde von 1880 bis 1882 errichtet und steht heute unter Denkmalschutz. 50 Jahre nach ihrer Entstehung wurde sie verstärkt. Eine Sanierung erfuhr sie in den 80er-Jahren des 20. Jahrhunderts. Das historische Bauwerk ist die älteste Eisenbrücke über dem Landwehrkanal. Sein Name leitet sich von der Admiralstraße ab, die über die Brücke hinwegführt. Er ist auf beiden Seiten reliefartig in das Geländer eingearbeitet. Dieses wunderschöne schmiedeeiserne Kunstwerk mit Ornamenten aus Blättern ist im Original erhalten. Alte Laternen und Kopfsteinpflaster unterstreichen den romantischen Charme des Bauwerks.

Vor allem während der Sommerzeit zieht die Admiralbrücke Berliner und Touristen gleichermaßen an. Bekannte und Unbekannte finden sich zum gemeinsamen Plausch zusammen, Pärchen schauen sich verliebt in die Augen – und das alles umsonst und unter freiem Himmel. Am hereinbrechenden Abend den Sonnenuntergang mit Blick auf das Wasser zum Klang der Straßenmusik zu erleben, ist einfach umwerfend! Dabei lässt sich herrlich ein Getränk genießen, während der Italiener nebenan die herbeiströmenden Menschen mit Pizza versorgt. Oder man bringt seine Verpflegung einfach selbst mit!

Im Interesse der Anwohner gilt ab 22 Uhr Sperrstunde. Kein Problem, falls dann jemand Partylaune oder Hunger verspürt: Fußläufig bieten sich viele Möglichkeiten, den Abend ausklingen zu lassen – auch nachhaltig.

Die Anfahrt ist mit den U-Bahn-Linien 1, 3, 7 und 8 über die Bahnhöfe Kottbusser Tor oder Südstern sowie mit den Buslinien M41 und M29 möglich.

10

Folkdays
Manteuffelstraße 19
10997 Berlin
030 93626094
www.folkdays.com

GRÜNE MODE, DIE SPASS MACHT
Fair-Fashion-Laden Folkdays

Mode, die nicht auf Kosten anderer Menschen und zu Lasten unserer Natur und Umwelt produziert wird, rückt immer mehr in den Fokus der Menschen. Unterstützt wird diese nachhaltige Lebensweise vielfach durch kleine Einzelhandelsgeschäfte. Darunter *Folkdays* in Kreuzberg. Der Laden verfügt über eine pure Innenausstattung, die mit Pflanzen, farbigen Akzenten und liebevollen Arrangements zum Blickfang wird.

Handgemachte Kleidung, die garantiert nicht massenhaft getragen wird, Accessoires und dekorative Einrichtungsgegenstände erwarten die Kunden. Die Produkte werden in Entwicklungs- und Schwellenländern unter dem Aspekt der Nachhaltigkeit gefertigt. Traditionelles Handwerk wird auf diese Weise vor Ort unterstützt und am Leben gehalten. Oft wird bereits im Voraus bezahlt, damit den beauftragten Unternehmen, oft kleine Betriebe, die nötigen Mittel für die Materialbeschaffung zur Verfügung stehen. Faire Löhne und Arbeitsbedingungen sind selbstverständlich. Das betrifft im großen Umfang Frauen, denen so ein regelmäßiges und vor allem wertschätzendes Einkommen ermöglicht wird.

Die dauerhaften Kooperationen bieten Sicherheit. Der Kontakt zu den Produzenten bedingt die genaue Kenntnis über Material und Herstellung. Langlebigkeit, fernab vom schnellen Konsum, ist die Devise! Wunderbar, wenn eine Neuanschaffung viele Jahre überdauert und trotzdem in zeitloser Schönheit erstrahlt. Seide, Kaschmir und Alpaka eignen sich bestens dafür. Langfristige Kundenbindungen werden von *Folkdays* angestrebt. Ein Onlineshop ermöglicht den Einkauf für alle, die nicht direkt im Laden vorbeischauen können.

Die jährlich stattfindende Pop-up-Shop-Serie startet in verschiedenen Städten. Junge und kleine Unternehmen, die auf faire Mode setzen, können sich bei dieser Gelegenheit präsentieren.

Fahren Sie zu *Folkdays* mit den U-Bahn-Linien 8, 1 und 3 über den Bahnhof Kottbusser Tor.

11

Markthalle Neun
Eisenbahnstraße 42/43
10997 Berlin
Bestellungen:
030 69532700
www.markthalleneun.de

ALLES DREHT SICH UMS ESSEN
Markthalle Neun

Wer gerne traditionell und bewusst Lebensmittel einkaufen möchte, sollte die historische *Markthalle Neun* besuchen. Sie eröffnete bereits Ende des 19. Jahrhunderts.

In der Folge vervielfachte sich das Angebot und die hygienischen Bedingungen verbesserten sich. Durch die spätere Ausbreitung von Supermärkten verloren die alten Handelsplätze allerdings an Bedeutung. So erlebte auch die *Markthalle Neun* einige Höhen und Tiefen. Seit 2011 stellt sie sich als echte Einkaufsalternative in der Stadt dar: Das vielfältige Sortiment umfasst frisches Gemüse und Obst, Molkereiprodukte, Fleisch und Wurst aus artgerechter Tierhaltung, Fisch, ofenwarmes Brot, Bier aus der eigenen kleinen Brauerei, Naturkosmetik und vieles Weitere.

Der Fokus liegt auf Regionalität und Saisonalität. Nicht selten ist der Erzeuger zugleich der Verkäufer. Das ermöglicht absolute Transparenz über Anbau und Herstellung der Produkte. Es gibt ein tägliches Grundangebot an Lebensmitteln, freitags und samstags zusätzlich einen Wochenmarkt. Die regionale Palette präsentiert sich an diesen Tagen noch umfangreicher und wird durch internationale Spezialitäten abgerundet. Das Konzept unterstützt Erzeuger und Handwerker der Region und wirkt existenzsichernd. Die *Markthalle Neun* versteht sich als Multiplikator für Lösungen relevanter Themen unserer Zeit. Lebensmittel, die in Spitzenqualität unter guten Bedingungen für Mensch, Natur und Umwelt produziert werden, sind richtungsweisend.

Natürlich kann man in der Markthalle auch lecker und abwechslungsreich essen. Frische, hochwertige Lebensmittel werden mit viel Liebe zubereitet. Im Restaurant wird traditionell gekocht. Kinder und Jugendliche können in Kochkursen den wertschätzenden Umgang mit Nahrungsmitteln lernen. Auch hat sich dieser Ort einen Namen als Vorreiter für Street Food gemacht.

Besuchen Sie den *Street Food Thursday* oder eine der anderen Veranstaltungen übers Jahr – es lohnt sich!

Die Anfahrt zur Markthalle erfolgt mit der U-Bahn-Linie 1 bis zum Görlitzer Bahnhof oder mit der Buslinie 140.

12

**Speisewirtschaft
Kumpel & Keule**
Skalitzer Straße 97
10997 Berlin
www.kumpelundkeule.de

**Metzgerei
Kumpel & Keule**
in der Markthalle Neun
Eisenbahnstraße 42–43
10997 Berlin

ES DARF MAL WIEDER FLEISCH SEIN
Speisewirtschaft und Metzgerei *Kumpel & Keule*

Wir kennen alle die Bilder und Schlagzeilen, die uns den Appetit auf Fleisch und Wurst verderben. Gequälte und leidende Tiere aus der Massentierhaltung sowie Antibiotika und Gentechnik im Tierfutter sind nicht hinnehmbar.

Es geht aber auch ganz anders! Ein Paradebeispiel dafür stellt die Metzgerei *Kumpel & Keule* in der *Markthalle Neun* dar. Dort wird das Fleisch ausschließlich von Landwirten aus der Region mit artgerechter Tierhaltung bezogen. Transparenz über Haltung, Futter, Schlachtung und Zubereitung sind selbstverständlich. Verarbeitet werden ganze Tiere nach traditioneller Metzgerkunst. Dieses Konzept wird von den Kunden dankend angenommen.

Folgerichtig eröffnete 2018 die gleichnamige Speisewirtschaft. Sie befindet sich ganz in der Nähe in der Skalitzer Straße und ist von der Markthalle fußläufig zu erreichen. Der moderne Gastraum ist mit Holztischen gemütlich eingerichtet. An den Wänden hängen Tierbilder – natürlich von Bauern aus der Region. Ein Reifeschrank aus Glas gibt den Blick auf Fleisch frei, das langsam und unter idealen Bedingungen abgehangen wird. Das sieht und schmeckt man.

Die Karte der Speisewirtschaft ist ungewöhnlich. Sie verrät alles über Herkunft und Zubereitung des Fleisches, und sogar Rezeptvorschläge werden mitgeliefert. Ochsenbäckchen, Gulasch, Steak, Filet, Blutwurst und Leberwurstbrote landen unter anderem liebevoll angerichtet auf den Tellern. Das ist Handwerkskunst auf höchstem Niveau. Geschmacksverstärker und Co. haben an diesem Platz keine Chance. Bier, Brot und Gewürze stammen ebenfalls aus der *Markthalle Neun*.

Restaurant und Metzgerei haben einen Star: den Dry-Aged-Burger. Wer Bekanntschaft mit herkömmlichen Burgern gemacht hat, wird überrascht sein, wie lecker dieses Exemplar schmeckt.

Besucher erreichen Restaurant und Markthalle mit der U-Bahn-Linie 1 oder der Buslinie 140.

13

**Original Unverpackt
Filiale Kreuzberg 1**
Wiener Straße 16
10999 Berlin
www.original-unverpackt.de

Filiale Kreuzberg 2
Großbeerenstraße 27a
10965 Berlin

ES GEHT AUCH OHNE!
Lebensmittelladen *Original Unverpackt*

Überall kursieren Bilder von müllverseuchten Stränden, verendenden und kranken Meerestieren. Wir kennen sie alle, wissen, dass Mikroplastik in unserer Nahrungskette landet, und müssen Alternativen finden. Beim Einkauf ohne Verpackungen und vor allem ohne Plastik auszukommen, kann im Supermarkt eine echte und kaum lösbare Herausforderung sein. Abhilfe schafft seit 2014 *Original Unverpackt* in der Kreuzberger Wiener Straße. 2019 öffnete der zweite Laden in der Großbeerenstraße seine Pforten.

2014 war *Original Unverpackt* der erste Laden seiner Art in Berlin und deutschlandweit maßgeblich an der Zero-Waste-Bewegung beteiligt. Das Sortiment umfasst ungefähr 600 Lebensmittel wie Müsli, Haferflocken, Marmelade, Früchte und Honig ohne zusätzliche Verpackung. Die Produkte sind bio-zertifiziert, fair gehandelt und meist regionalen Ursprungs. Ziel des Ladens ist es, den ökologischen Fußabdruck möglichst klein zu halten. Dazu gehört auch die Zusammenarbeit mit Berliner Unternehmen beziehungsweise Erzeugern.

Die gesamte Lieferkette wird, soweit möglich, verpackungsfrei gehalten. Lose Ware wird in Großgebinden geliefert, andere Ummantelungen sind wiederverwendbar. Kaffee, Backwerk und weitere Artikel kommen bereits komplett müllfrei aus. Erhältlich sind zudem Kosmetik, Reinigungsmittel, Spirituosen und themenrelevante Bücher.

Dem Konzept entsprechend müssen für den Einkauf eigene Behältnisse mitgebracht werden. Das Gewicht wird am Eingang ermittelt und an der Kasse wieder abgezogen. Dann darf nach Herzenslust befüllt werden. Wer spontan kommt, kann Gläser, Recycling-Tüten und Stoffbeutel aus dem Laden verwenden.

Einfach mal die Schränke nach alten Tupperdosen durchforsten und mitbringen – es ist ein vollkommen neues Einkaufserlebnis.

Die U-Bahnen 1 und 3, Station Görlitzer Bahnhof, sowie der Bus M29, Station Spreewaldplatz, bringen Interessierte in die Nähe von *Original Unverpackt*.

14

Kinderbauernhof auf dem Görlitzer e. V.
Wiener Straße 59
10999 Berlin
030 6117424
www.kinderbauernhof-berlin.de

STREICHELZOO IM PARK
Kinderbauernhof auf dem Görlitzer

Auf dem Gelände des alten Görlitzer Bahnhofes liegt heute der Kinderbauernhof – integriert in den Görlitzer Park. Die kleine Farm mitsamt Umgebung ist ein ideales grünes Ausflugsziel für Jung und Alt und ein beliebter Ort für die Feriengestaltung!

Der ehemalige Kopfbahnhof wurde im 19. Jahrhundert erbaut. Die Züge verkehrten über Cottbus nach Görlitz. Eine alte Eisenbahnbrücke aus dieser Zeit ist heute noch im Park erhalten und wird als Fußgängerüberquerung genutzt. Noch bevor die Grünfläche angelegt wurde, öffnete der kinderpädagogische Betrieb in den 1980er-Jahren seine Tore. Im Zuge der Parkeröffnung einige Jahre später wurde der Hof innerhalb des Areals verlegt.

Heute leben Ziegen, Schweine, Schafe, Kaninchen, Esel, Ponys, Hühner und Gänse auf dem Anwesen. Streicheln und Füttern sind erlaubt, Hilfe bei der Pflege wird gerne angenommen. Kinder kommen auf diese Weise in Kontakt mit den Tieren und lernen, Verantwortung zu übernehmen. Das Außengelände können sie frei erkunden.

Die zusätzliche Palette besonderer Angebote ist vielfältig: Sie reicht von verschiedenen Tier-AGs über Lagerfeuerereignisse mit Stockbrot bis hin zu Kochkursen und Fußball. Während der Ferien werden spezielle Programme organisiert. Unter freiem Himmel findet der Kletterturm großen Anklang. Geschraubt und repariert wird in der Fahrradwerkstatt. In den Sommermonaten bietet der Wasserspielplatz viel Vergnügen, und auch die Buddelkiste ist beliebt. Sonntags laden frisch gebackene Waffeln die gesamte Familie zum gemütlichen Beisammensein ein. Zudem werden regelmäßig Feste auf dem Bauernhof veranstaltet: Karneval, Halloween, Laternenfest und Weihnachten – Eltern und Kinder sind herzlich eingeladen!

Das Außenareal ist im Rahmen der Öffnungszeiten für jedermann kostenlos zugänglich. Mit Tierpatenschaften kann die Arbeit des Kinderbauernhofs unterstützt werden.

Die U-Bahn-Linie 1 und die Buslinie M29 bringen Besucher zum Görlitzer Bahnhof beziehungsweise Spreewaldplatz.

15

Führungsstelle
Schlesischer Busch
Am Flutgraben 1
12435 Berlin

MAUERDENKMAL IN DER NATUR

Grenzwachturm *Führungsstelle Schlesischer Busch*

Berlin ist eine großartige Stadt. Der freiheitliche Gedanke wird in der Metropole besonders gelebt. Diverse Lebensformen existieren friedlich nebeneinander, und genau das macht den Charme Berlins aus. Kaum vorstellbar, dass es vor über drei Jahrzehnten noch völlig anders aussah. Die Gesellschaftsentwürfe in Ost und West jenseits der Mauer hätten unterschiedlicher nicht sein können. Für Touristen ist das Kennenlernen von Plätzen, die an diesen Abschnitt unserer Geschichte erinnern, ein Muss. Aber auch die Berliner, vor allem jüngere, finden manchmal die Muße, der Zeit vor dem Mauerfall zu gedenken.

Der Schlesische Busch, ein Park mitten in der Stadt, lädt Spaziergänger, Sportler und Grillfreunde zu grünen Mußestunden ein. Inmitten der Anlage befindet sich das Mauerdenkmal *Führungsstelle Schlesischer Busch*. Der ehemalige Grenzstreifen ist einem naturnahen Erholungsort gewichen, der Jung und Alt Raum für Entspannung bietet. Doch der alte Wachturm legt Zeugnis über den einstigen menschenverachtenden Kontrollapparat im geteilten Deutschland ab.

Zu DDR-Zeiten besaß das Bauwerk eine hohe Priorität. Grenzsicherungsanlagen und weitere Türme wurden von hier aus überwacht. Beklemmend wirken Schießluken und Suchscheinwerfer auf dem begehbaren Dach. Einen Rundblick ermöglichen große Fenster, die in der Vergangenheit für die Grenzposten der ehemaligen DDR wichtig waren. Jede kleinste Unregelmäßigkeit musste protokolliert werden.

Seit 1992 steht der Beobachtungsturm unter Denkmalschutz, 2004 wurde er aufwendig saniert. Zu sehen ist zudem eine Arrestzelle sowie Aufenthaltsräume für die einstigen Diensthabenden. Innerhalb des Turms sind die vier Etagen durch Eisentreppen und Falltüren verbunden. Wechselnde Ausstellungen, die sich mit der Geschichte dieser Zeit befassen, werden heute gezeigt.

Besichtigungen sind auch im Rahmen von Führungen möglich.

Die Anfahrt erfolgt bequem mit den Buslinien 104, 165 und 265. Wer möchte, kann die U-Bahn bis zum Schlesischen Tor nehmen und den restlichen Weg zu Fuß gehen.

EMISSIONSFREI IM WASSER
Alternative Bootsfahrt mit *SolarWaterWorld*

Eine Bootstour auf dem Wasser ist in Berlin eine populäre Form der Freizeitgestaltung. Ortsansässige und Touristen nutzen die zahlreichen Angebote diverser Betriebe. Üblicherweise finden Rundfahrten mit dieselbetriebenen Schiffen statt. Der Geruch und die Ökobilanz dieser Transportmittel trüben allerdings das Vergnügen. Seit einigen Jahren bietet *SolarWaterWorld*, ein junges und innovatives Unternehmen, eine grüne Alternative: Es betreibt seine Boote mit Solarstrom.

Keine störenden Geräusche und Emissionen auf dem Wasser, nur ein ruhiges Dahingleiten. Das Beste ist, dass die Boote für zwei bis zwölf Personen führerscheinfrei gefahren werden können. Eine entsprechende Einweisung erfolgt vor Ort. Lust auf ein geselliges Zusammensein mit Freunden, eine touristische Tour zu Sehenswürdigkeiten oder einen Badeausflug zu zweit beziehungsweise als Familie, ohne sich auf der Liegewiese zu drängeln? Alles ist möglich – für jeden gibt es das passende Gefährt. Für größere Gruppen bis 55 Personen bietet sich der Charter-Service an. Private oder betriebliche Events erhalten auf diese Weise einen besonderen Rahmen, der alle Teilnehmer beeindruckt. Die Aufmachung der Flotte wirkt luxuriös und orientiert sich an der Ausstattung von Jachten. Sie verbindet den Nachhaltigkeitsgedanken mit einem wunderbaren Lebensgefühl. Ein Catering-Service wird auf Wunsch ebenfalls angeboten.

Die *SolarWaterWorld* berät des Weiteren andere Projekte weltweit zu Solarelektrik auf dem Wasser. Das Unternehmen wurde für seine Boote und innovative Technologie bereits mehrfach ausgezeichnet.

Eine zweite Mietstation lädt in Köpenick zu einer nachhaltigen Bootstour ein.

Für die Anfahrt mit den öffentlichen Verkehrsmitteln bietet sich der U- und S-Bahnhof Warschauer Straße mit anschließendem kurzem Fußweg an.

17

East Side Gallery
Mühlenstraße 3–100
10243 Berlin
www.eastsidegallery-berlin.com

DEUTSCH-DEUTSCHE GESCHICHTE
East Side Gallery

Von 1961 bis 1989 teilte die Berliner Mauer unsere Stadt. Das längste erhaltene Stück verläuft zwischen Ostbahnhof und Oberbaumbrücke. An der sogenannten Hinterlandmauer sind noch Reste der ursprünglich zum Bau verwendeten Steine erhalten. In den Jahrzehnten nach ihrer Errichtung wurde die Mauer zu einem unüberwindlichen Wall erweitert. Was damals niemand für möglich gehalten hatte: Sie fiel 1989! Fast direkt im Anschluss fand sie eine neue, lebensfrohe Funktion: 1990 wurde die *East Side Gallery* eröffnet und kurze Zeit später unter Denkmalschutz gestellt. Sie ist die längste Open-Air-Galerie der Welt.

Über 100 Künstler und Künstlerinnen haben ihre Freude und Gedanken über den Mauerfall in Bildern ausgedrückt. Das bedrückende Grau der Wand wich lebhaften Farben. Eine Künstlerinitiative sowie zahlreiche Spenden sorgten in den folgenden Jahren für die Instandhaltung und Restauration der Kunstwerke. 2009 erfolgte die komplette und aufwendige Sanierung der *East Side Gallery*. Neue Bilder wurden gemalt, alte restauriert. Seit 2018 gehört das Geschichtsdenkmal zur *Stiftung Berliner Mauer*. Das sichert die notwendigen Mittel für Reinigung und Instandhaltung.

Es werden Einzel- und Gruppenführungen in verschiedenen Sprachen angeboten, Termine vorher erfragen! Die *East Side Gallery* lässt ihre Besucher der Opfer an der innerdeutschen Grenze gedenken und zeigt gleichzeitig die Freude über den Fall der Mauer. Für Kinder und junge Menschen, die die geteilte Stadt nicht mehr kennengelernt haben, ist dieses Denkmal deutscher Geschichte von besonderer Bedeutung. Es verdeutlicht, wie wichtig es ist, die Kulturschätze und mit ihnen die Erinnerung an unsere Geschichte zu bewahren. Im 25. Jahr des Mauerfalls erschien der Dokumentarfilm *East Side Gallery* Berlin.

Nach dem Besuch der *East Side Gallery* bietet sich ein Bummel durch Friedrichshain an. Hier finden sich Cafés und Restaurants, in denen man die vereinte Stadt kulinarisch genießen kann.

Erreichen kann man die Gedenkstätte mit der U-Bahn-Linie 1, den Regionalbahnen RB14, RE1 und RE7, den Buslinien 65, 248, 347 und M29 sowie der Tram M10.

18

Spielplatz am Rudolfplatz
Am Rudolfplatz/
Danneckerstraße
10245 Berlin

AUS ALT MACH NEU
Spielplatz am Rudolfplatz

Inmitten des dicht bewohnten Rudolfkiezes liegt der Rudolfplatz. Die Anwohnerschaft ist in den letzten Jahren stark gewachsen. Neben Alteingesessenen sind viele junge Familien mit Kindern zugezogen, die Kitas eine hohe Auslastung bescheren. Eine große Bedeutung kommt somit den Spielgelegenheiten im Viertel zu. Im Rahmen eines Umgestaltungskonzeptes des Rudolfplatzes erfuhr der dortige Spielplatz eine umfassende Erneuerung. Im Sommer 2019 fand die Einweihung statt.

Mitbürger – unter ihnen auch die jüngsten – hatten im Vorfeld die Möglichkeit, Ideen und Wünsche für Veränderungen einzubringen. Das Ergebnis ist ein moderner, kindgerechter Spielplatz, der den lustigen Namen *Ritter Rudis Burgenland* trägt. Für die Gestaltung wurde in großen Mengen Holz verwendet, wodurch ein Gefühl von Naturerleben vermittelt wird. Umrahmende Sträucher und Bäume geben dem Platz einen grünen Rahmen.

Die Geräte bedienen verschiedene Altersgruppen. Ritterhügel, Zauberwäldchen und Kletterspinne laden unter anderem die jüngeren Kinder zum aktiven Spiel ein. Die Kleinsten buddeln vergnügt im Sand und schaukeln. Ein Wasseranschluss ermöglicht herrliches Matschen. Auf dem Bolzplatz kann sich der ältere Nachwuchs mit sportlichen Aktivitäten unterhalten. Eltern und andere Aufsichtspersonen können es sich derweil auf den ausreichend vorhandenen Sitzgelegenheiten gemütlich machen. Im Umfeld bedienen kleine Bäckereien und Gastronomie jeden Geschmack.

Ritter Rudis Burgenland ist ein positives Beispiel, wie mit guter Planung, Ideen und natürlich Investitionen auf nachhaltige Weise etwas Bestehendes erhalten, dem modernen Zeitgeist und den gewachsenen Bedürfnissen angepasst werden kann.

Ein Besuch des Spielplatzes lohnt sich nicht nur für Anwohner. Immerhin kommen zahlreiche Berliner aus anderen Bezirken an den Rudolfplatz. Touristen, die im Friedrichshain unterwegs sind, können ihren Kindern hier eine Pause gönnen.

Die Anfahrt erfolgt mit U- und S-Bahn bis Warschauer Straße.

19

Halbinsel Stralau
Alt Stralau
10245 Berlin
www.stralauer-halbinsel.de

INSEL INMITTEN DER GROSSSTADT
Halbinsel Stralau

Die Halbinsel Stralau liegt eingebettet zwischen Spree und Rummelsburger Bucht. Heute eignet sich die Landzunge ideal für einen erholsamen Abstecher ins Grüne, während sie eine bewegte Historie vorzuweisen hat.

Archäologische Funde weisen auf eine frühzeitige Besiedelung während der Bronzezeit hin. Als Fischerdorf erlangte der heutige Friedrichshainer Ortsteil erste Berühmtheit durch die Fischzüge, das jährliche Anfischen nach der Schonzeit für die Bestände, gekrönt von einem Volksfest. Im 19. Jahrhundert etablierten sich Segelsport und Industrie auf der Insel. Teppichfabrik, Brauerei, Glaswerk, Palmkernölspeicher und andere Betriebe siedelten sich an. Alte Gebäude erinnern heute an diese Zeit. Zu Schifffahrt und den Gewässern wurde seit Beginn des 20. Jahrhunderts auf der Landzunge geforscht, der Standort im 21. Jahrhundert verlegt. Seit der Jahrtausendwende wird Stralau zunehmend mit Wohnungen und Büros bebaut und die Infrastruktur erweitert. Trotzdem lässt es sich dort noch wunderbar spazieren.

Ein kleiner Park, herrlich satter und gepflegter Rasen mit Ausblick auf das Wasser, bietet alles, was man für ein schönes Picknick im Grünen braucht. Schaukelnde Boote versetzen in Urlaubsstimmung. Jogger lieben dieses Areal, gibt es doch viele Schatten spendende Bäume, von denen einige jahrhundertealt sind. Angler schätzen die Ruhe und das reiche Fischvorkommen.

Die im 15. Jahrhundert erbaute Dorfkirche strahlt in Weiß und nimmt den Betrachter mit in vergangene Zeiten. Während des Zweiten Weltkriegs wurde die Kirche schwer beschädigt, konnte jedoch durch Spenden in den Nachkriegsjahren wiederaufgebaut und in der Folge erhalten werden. Eine Ausstellung erzählt ihre Geschichte.

Über die Insel führt ein Geschichtspfad mit Hinweistafeln, die Besucher auf dem historischen Rundgang informieren. Bäckereien bieten Kaffee, Kuchen und kleine Imbisse.

Alt Stralau erreichen Sie mit der S-Bahn über die Bahnhöfe Ostkreuz, Treptower Park, Rummelsburg sowie mit den Buslinien 104 und 347.

20

Loveco
Sonntagstraße 29
10245 Berlin
030 550 603 95
www.loveco-shop.de

VEGANE MODE KANN SO SCHÖN SEIN
Vegan-Fair-Fashion-Laden Loveco

Kleider machen Leute! Das gilt umso mehr, wenn die getragene Kleidung nachhaltig, bio und ressourcenschonend ist. Das alles bietet *Loveco*, ein Modegeschäft in der Sonntagstraße des beliebten Bezirkes Friedrichshain.

Seit 2014 werden im Fair-Fashion-Laden hochmoderne Kollektionen vorgestellt. Bedient werden alle Stilrichtungen für Damen und Herren, egal ob Business, Casual oder Bequemes für Zuhause. Accessoires komplettieren das Programm.

Die Gründerin kennt alle Labels persönlich. Das garantiert faire Herstellungsbedingungen und vertrauenswürdige Siegel. Die Kleidung ist ökologisch hergestellt, vegan und erfüllt den Anspruch der Langlebigkeit. Als Materialien dienen Baumwolle, Leinen, Tencel, Hanf sowie recycelte Produkte. Begleitet wird der Einkauf von einer herzlichen Beratung zu Passform und Pflege. Die Stoffe sind angenehm zu tragen.

Strom aus Wasserkraft, plastikfreie, recycelte Verpackungen und Secondhand-Möbel gehören ebenfalls zum nachhaltigen Konzept. In dem stylishen Laden mit Böden und einer Einrichtung aus Holz, die luftig, modern und praktisch wirkt, haben Kunden und Kundinnen genügend Platz, sich umzusehen. Durch die großen Fenster dringt viel Tageslicht, das dem Raum eine behagliche Atmosphäre verleiht. Die Transparenz bei *Loveco* umfasst nicht nur Anbau, Fertigungsprozess und Transport der Rohstoffe und Produkte. Ungewöhnlich ist, dass zudem Angaben zu Umsatz und Gewinn offengelegt werden. Kunden haben dadurch einen Überblick über Herstellung und Verteilung.

Inzwischen wurden ein weiterer Store in Schöneberg, ein veganes Schuhgeschäft in Kreuzberg sowie ein Onlineshop eröffnet. Alle Anlaufstellen haben ihre Stammkundschaft und ziehen immer neues Publikum an.

In der Umgebung finden sich viele vegane Cafés und Restaurants.

Die Anfahrt erfolgt mit der S-Bahn über den Bahnhof Ostkreuz.

21

Almodóvar Hotel
Boxhagener Straße 83
10245 Berlin
030 692097080
www.almodovarhotel.de

STILVOLL UND NACHHALTIG SCHLAFEN
Bio-Hotel Almodóvar mit Bistro Bardot

Im angesagten Bezirk Friedrichshain steht das Bio-Hotel *Almodóvar*. Für Touristen ist die zentrale Lage der Unterkunft unschlagbar. Doch auch für Berliner ist das Haus ein beliebter Treffpunkt, um mit Freunden und Familie lecker zu frühstücken oder sich einfach mal eine kurze Auszeit zu gönnen.

Die helle Fassade fügt sich harmonisch in die Umgebung ein. Die Lobby wartet mit einem Lounge-Bereich auf, in dem Getränke serviert werden. 75 Zimmer, die alle sehr großzügig geschnitten sind, warten auf ihre Gäste. Ihre Einrichtung ist pur und gemütlich. Stilvolle Bäder vervollständigen das moderne Design.

Im *Almodóvar* wird der nachhaltige Gedanke konsequent im Gesamtkonzept umgesetzt. Die Möbel sind aus Holz gefertigt, das aus nachhaltiger Forstwirtschaft gewonnen wurde. Von der Wandfarbe bis zum Fußboden wurde ausschließlich ökologisches und schadstofffreies Material verwendet. Sämtliche Textilien verfügen über Bio-Qualität. Der Strom kommt aus erneuerbaren Energien, und geputzt wird ausschließlich mit umweltverträglichen Reinigern.

Für das Wohlbefinden der Gäste wird in vielfältiger Weise gesorgt. Alle, die den Morgen mit dem Sonnengruß beginnen möchten, können die bereitgestellten Yogamatten auf den Zimmern nutzen. Im hoteleigenen Bistro *Bardot* wird Frühstück und Brunch geboten. Alle Speisen sind vegetarisch oder vegan und orientieren sich an der mediterranen Küche. Für die Zubereitung werden nur hochwertige Bio-Lebensmittel verwendet, bevorzugt aus der Region. Selbstgebackenes Brot macht den Genuss perfekt.

In wenigen Gehminuten erreicht man die beliebte Simon-Dach-Straße. Hübsche kleine Läden laden zum Bummeln ein; Cafés, Restaurants und Bars gibt es in Hülle und Fülle. Wer Lust hat, kann im Hotel ein Fahrrad ausleihen und damit die Stadt erkunden.

Das Hotel ist an alle öffentlichen Verkehrsmittel angebunden. Die Anfahrt ist mit der U- und S-Bahn, mit Bus und Tram möglich. Bei Bedarf stehen aber auch hoteleigene Stellplätze zur Verfügung.

22

Bio Fein Bio
Filiale Friedrichshain
Simon-Dach-Straße 10
10245 Berlin

Filiale Wilmersdorf
Leibnizstraße 30
10625 Berlin

ORIENTALISCH, VEGETARISCH, LECKER
Bistro *Bio Fein Bio*

Mitten im Kiez von Berlin-Friedrichshain liegt das bereits 2005 eröffnete Bistro *Bio Fein Bio*. Eine kleinere zweite Filiale, die außerdem einen Partyservice betreibt, befindet sich in Wilmersdorf. Wie der Name erahnen lässt, werden im Bistro alle Speisen und Getränke in Bio-Qualität angeboten.

Gemischte Platten aus kalten und warmen Vorspeisen, Salaten und Hauptgerichten stehen im Mittelpunkt und können von morgens bis abends aus der gläsernen Vitrine ausgewählt werden. Das Konzept ist perfekt für alle, die Verschiedenes probieren möchten. Für rund zehn Euro lässt es sich gesund und überaus lecker schlemmen. Die Speisen sind ausschließlich vegetarisch beziehungsweise vegan, orientalisch angehaucht und werden täglich frisch vor Ort zubereitet. Beliebt sind Gerichte, die bunt und vielfältig auf den Tellern arrangiert sind, wie gefüllte Paprikaschoten, Hummus, Kichererbsensalat und Lasagne, selbstverständlich in bester Bio-Qualität. Auch Suppen und eine leckere Frühstücksauswahl werden geboten. Den süßen Zahn befriedigen zahlreiche hausgemachte Kuchen und Torten.

Das Personal ist immer freundlich und hilfsbereit, das gemütliche Ambiente lädt zum Verweilen ein. Sitzplätze im Freien sind ebenfalls vorhanden, von denen aus man sich das bunte Treiben in der bei Einheimischen und Touristen angesagten Simon-Dach-Straße ansehen kann. Mit einem leckeren Bio-Cappuccino lässt sich so der Vormittag verbringen.

Nach der Mahlzeit kann man sich in dem lebendigen Kiez die Beine vertreten. Um die Ecke liegt beispielsweise der Boxhagener Platz, an dem samstags ein Wochenmarkt und sonntags ein Trödelmarkt stattfinden.

Am besten einen bunten Teller mit allen Köstlichkeiten zusammenstellen und teilen!

Erreichbar ist das Bistro am besten mit den öffentlichen Verkehrsmitteln: Die Tram M13 sowie der Bus 240 halten direkt um die Ecke.

23

Chipi Chipi Bombón
Warschauer Straße 12
10243 Berlin
030 24032446
www.chipichipibombon.com

# NACHHALTIGES TRADITIONSHANDWERK
Craft-Eisdiele *Chipi Chipi Bombón*

Friedrichshain ist immer für eine Entdeckung gut. *Chipi Chipi Bombón* überrascht auf jeden Fall. Als ganzjährig geöffneter Eisladen verspricht er seinen Gästen puren Genuss in Spitzenqualität. Der Besitzer, Andres Bezem, hat sich dem Traditionshandwerk verschrieben, und das Ergebnis kann sich sehen und vor allem schmecken lassen.

Der Name *Chipi Chipi Bombón* ist längst über den Bezirk Friedrichshain hinaus bekannt. Berliner und Touristen lieben das köstliche Eis, die freundliche Bedienung und den Service. Hochwertige Bio-Früchte werden mit Kräutern, Gewürzen und viel argentinischem Herzblut kombiniert. Keine künstlichen Geschmacksverstärker oder Zusätze – nur das volle Aroma der Frucht. Bio-Heumilch aus dem Umland wird als Basis verwendet. Neben exotischen Sorten finden auch Klassiker und vegane Sorbets ihren Platz im Sortiment. Der Kunde darf sich ruhig mal an gebackene Süßkartoffel, Limette mit Koriander und Chili oder »Dulce de leche« wagen.

Nachhaltigkeit wird sehr ernst genommen. Im Angebot sind vegane Bio-Waffeln und die Eisbecher aus Waffelteig dürfen komplett mitgegessen werden. Dazu passen Löffel aus Bio-Kunststoff. Neben den eisigen Leckereien besteht eine große Auswahl an kalten sowie heißen Kaffee- und Teespezialitäten. Im Kühlschrank stehen erfrischende Getränke.

Zu Hause, auf Partys oder beim Relaxen im Park – manchmal möchte man sein Eis in einem anderen Umfeld genießen. Das ist ebenfalls kein Problem, denn *Chipi Chipi Bombón* liefert zügig und in bester Qualität.

Erwähnenswert ist abschließend, dass sich der kleine Laden seit einiger Zeit an der Akzeptanz von Bitcoin beteiligt. Hier ist traditionelles Handwerk in der modernen Zeit angekommen – und davon profitieren die Gäste.

Für Unentschlossene und Neugierige gibt es sechs Minikugeln im Becher zum Probieren. So landet nichts im Müll, das doch nicht den eigenen Geschmack trifft.

Die Anfahrt erfolgt bequem mit der U-Bahn-Linie 5 über den Bahnhof Frankfurter Tor, der Tram M10 oder der Buslinie 240.

24

Amazingy Store
Pettenkoferstraße 12
10247 Berlin
030 55612697
www.amazingy.com

FÜR JEDE BESTELLUNG EIN BAUM
Naturkosmetik-Showroom Amazingy

Das Thema Naturkosmetik ist in aller Munde. So wundert es nicht, dass sich Shops und Geschäfte der »Organic Beauty« verschrieben haben. Ein Vorreiter auf diesem Gebiet, bereits 2011 gegründet, ist der Laden *Amazingy*.

Gestartet als kleiner Onlineshop, verfügt das Unternehmen mittlerweile über einen Showroom, in dem eine Auswahl der im Internet erhältlichen Produkte bestaunt, ausprobiert und gekauft werden kann. Der Raum wird außerdem für Veranstaltungen genutzt, beispielsweise um mit Handelsvertretern ins Gespräch zu kommen oder Neuheiten vorzustellen.

Das Besondere an den von *Amazingy* angebotenen Naturkosmetik-Labels ist, dass diese hochwertig und international beliebt sind. Es handelt sich überwiegend um luxuriöse Nischenmarken, die zum Motto des Shops passen sollen: »Look good, do good, feel Amazingy!« Sowohl die Inhaltsstoffe, der ethische Kodex der Produzenten als auch die gesamte Aufmachung der Produkte sind für die Auswahl entscheidend.

Abgesehen vom grünen Produktangebot geht der Nachhaltigkeitsgedanke bei *Amazingy* noch weiter: Für jede Bestellung pflanzt das kleine Unternehmen einen Baum. Für dieses Projekt hat sich *Amazingy* mit der gemeinnützigen Organisation *Trees for the Future* zusammengetan, die nachhaltige Landwirtschaft in ärmeren Teilen der Welt fördert. Zum einen geschieht dies durch Ausbildungsprogramme vor Ort und zum anderen durch direkte Unterstützung wie beispielsweise durch das Verteilen von Saatgut. So können Wälder wieder aufgeforstet werden, was bei der Speicherung von CO_2 hilft und somit die Umwelt schützt. Durch diese Partnerschaft wurden bis 2019 bereits mehr als 130.000 neue Bäume über *Amazingy* gepflanzt.

Es lohnt sich, der Facebook-Seite von *Amazingy* zu folgen, um kein Event oder Gewinnspiel zu verpassen.

Der Laden liegt unweit der U- und S-Bahn-Station Frankfurter Allee.

25

Rembrandt-Burger
Richard-Sorge-Straße 21
10249 Berlin
030 89997296
www.rembrandt-burger.de

FAST FOOD VOM FEINSTEN
Restaurant *Rembrandt-Burger*

In Berlin gibt es an fast jeder Ecke einen Burger-Laden. Geschmacklich und in ihren Variationen ähneln sich die meisten Angebote. Pappige Brötchen mit gepresstem Fleisch punkten nicht unbedingt als vollwertiges Mittag- oder Abendessen. Etwas Besonderes hingegen serviert das gemütliche Restaurant *Rembrandt-Burger*.

Das Fleisch stammt aus artgerechter Haltung von bäuerlichen Betrieben. Die Brötchen werden frisch vom Bäckermeister im Kiez gebacken. Sämtliche Burger sind handgeformt und völlig frei von Geschmacksverstärkern. Üblicherweise werden sie medium serviert. Natürlich können die Gäste auch eine andere Garstufe wählen. Rotweinzwiebeln, gegrilltes Gemüse, Salate, Walnüsse und viele verschiedene Käsesorten komplettieren die Fleischgerichte. Hausgemachte Soßen runden das Geschmackserlebnis ab.

Als Beilage werden holländische oder Fritten aus Süßkartoffeln gereicht. Außen sind sie knackig, innen zart mit feinem Kartoffelgeschmack, einfach köstlich! Auf der Karte stehen zudem einige niederländische Snacks, die probiert werden sollten. Vegetarier müssen in keinem Fall darben – die fleischlosen Spezialitäten sind unbedingt eine Alternative. Die Burger sind auch eine Nummer kleiner und für den Nachwuchs als Kinderportion erhältlich. Wer nach dem leckeren Essen noch Platz hat, darf sich an ein süßes Dessert wagen.

Das kleine Lokal ist kein typischer Imbiss. Die Einrichtung mit hübschen holländischen Details vermittelt eher den Charakter eines Restaurants. An den Holztischen sitzt man gemütlich und verbringt gerne etwas mehr Zeit. Wer lieber zu Hause oder im Büro essen möchte, kann einfach telefonisch vorbestellen. Abgeholt werden kann der Lieblingsburger kurze Zeit später in einer nachhaltigen Verpackung. Zu den stark frequentierten Zeiten ist eine Tischreservierung unbedingt empfehlenswert.

Neben den Klassikern werden auch saisonal wechselnde Burger angeboten, im Herbst zum Beispiel mit Kürbis.

Nehmen Sie am besten die U-Bahn-Linie 5 bis zum Bahnhof Weberwiese. Auch die Straßenbahn M10 hält in der Nähe.

26

Freiluftkino Friedrichshain
(Mai–September)
Volkspark
Landsberger Allee 15
030 2936160
10249 Berlin
www.freiluftkino-berlin.de

ALLES UNTER EINEM HIMMEL
Freiluftkino Friedrichshain im Volkspark

Wenn sich ein Sommertag dem Ende neigt, wollen Berliner und Touristen noch lange nicht nach Hause oder ins Hotel. Viel zu verlockend ist ein Abend an der frischen Luft, schließlich dauert die warme Jahreszeit nicht ewig. Wer nun trotzdem Lust hat, einen guten Film zu sehen, ist im Open-Air-Kino Friedrichshain im Volkspark an der richtigen Adresse. Es bietet Platz für bis zu 2.000 Personen und gehört somit zu den größten der Hauptstadt.

Das Freilichtkino benötigt weder Strom noch Heizung für ein ganzes Gebäude. Lediglich die Leinwand und vereinzelte Beleuchtung sind notwendig, um den Platz im Grünen zum Leben zu erwecken. Durch die hohe Auslastung mit Besuchern ergibt sich somit eine gute Ökobilanz. Zugleich kommen Filmfans in den Genuss eines perfekten cineastischen Abends unter freiem Himmel. Gezeigt werden bekannte Klassiker, Art-House-Streifen, Komödien und Dramen. Es ist also für jeden etwas Passendes dabei. Das Kino punktet im Vergleich zu anderen Freiluftspielstätten mit zahlreichen Sitzplätzen auf Bänken, die eine Rückenlehne besitzen, Tischen mit Stühlen sowie Liegewiesen. Decke, Kissen und Picknickkorb eingepackt und schon kann es losgehen! Das Mitbringen von Getränken und Speisen ist ausdrücklich erlaubt. Seinen Müll sollte man natürlich am Ende wegräumen. Wer sich eher spontan für einen Besuch entscheidet, kann sich auch vor Ort mit Getränken, Popcorn und einem Imbiss versorgen.

Bevor man sich dem Filmvergnügen hingibt, ist ein Spaziergang durch den Park empfehlenswert. Dieser entstand Mitte des 19. Jahrhunderts und ist somit Berlins ältester Volkspark. Zu seinen besonderen Sehenswürdigkeiten zählen der Märchenbrunnen und der Ehrenfriedhof. Alte Bäume und viel Grün sorgen für innere Ruhe. Im und um den Park herum haben sich zudem genügend Cafés und Restaurants angesiedelt, die vor oder nach dem Film-Event aufgesucht werden können.

Die Saison beginnt Mitte Mai und endet Anfang September. Filmstart ist gegen 21.30 Uhr.

Die Anfahrt ist mit den Tramlinien 5, 6, 8, 10 sowie den Bussen 142 und 200 möglich.

27

Rosa Canina
(März–Oktober)
Hufelandstraße 7
10407 Berlin
030 23930681
www.rosacanina.eu

Stand Markthalle Neun
Eisenbahnstraße 42/43
10997 Berlin
www.markthalleneun.de

HANDARBEIT MIT BESTEN ZUTATEN
Eisdiele Rosa Canina

In Berlin finden sich fast überall Eisdielen, doch nur wenige stellen leckeres und vor allem hochwertiges Bio-Eis her. *Rosa Canina* im angesagten Kiez Prenzlauer Berg gehört zu den besten Eisläden der Stadt. Das Unternehmen stellt gefrorene Köstlichkeiten in traditioneller Handwerkskunst nach italienischem Vorbild her. Alle Zutaten stammen aus biologischem Anbau, die Bio-Milch kommt aus dem Umland.

Der Firmenname entspringt der botanischen Bezeichnung für die Heckenrose. Schließlich wurde schon im antiken Rom Schnee mit Rosenwasser gemischt, um die gefrorene Spezialität zu genießen. Künstliche Zusätze, Konservierungs- und Farbstoffe sucht man bei *Rosa Canina* glücklicherweise vergeblich. So kommt zum Beispiel lediglich etwas Kurkuma zum Einsatz, um dem Vanilleeis seine schöne Farbe zu verleihen. Unbehandelte, leckere Früchte, hochwertigste Schokoladen, Kräuter und Gewürze verschmelzen cremig zu herrlichen, fantasievollen Eiskreationen. Wechselnde und exotische Sorten sorgen immer wieder für neue eisige Glücksmomente. Die Sorbets sind vegan und schmecken herrlich fruchtig, der Eiskaffee unsagbar lecker. Wer dieses Eis probiert hat, kommt wieder!

Die Eisdiele ist einladend, hell und in freundlichen Farben eingerichtet. Die Mitarbeiter sind schnell und dabei ausgesprochen freundlich. Vor der Tür laden ein paar Sitzplätze die Gäste in den Sommermonaten ein, es sich unter blauem Himmel gemütlich zu machen.

Rosa Canina betreibt inzwischen vier Filialen in der Stadt. Während die Eisdielen in der Pasteurstraße 32 und Ackerstraße 174 ebenfalls saisonal geöffnet sind, verkauft der Stand in der *Markthalle Neun* die kalten Köstlichkeiten ganzjährig.

Zudem liefert der Betrieb an gute Restaurants und bietet einen Catering-Service für Events an.

Die Tramlinie M4 bringt Sie direkt zur Hufelandstraße.

28

Wertvoll – fair fashion store
Marienburger Straße 39
10405 Berlin
030 25567726
www.wertvoll-berlin.com

WERTVOLL FÜR MENSCH UND UMWELT
Fair-Fashion-Laden Wertvoll

Die Überzeugung, dass Mode nicht nur chic, sondern auch ökologisch unbedenklich sein soll, setzt sich immer mehr durch. Für deren Realisierung sind Produzenten und Händler vonnöten, die diese Philosophie teilen und umsetzen. Seit 2019 gehört der gemütlich eingerichtete Laden *Wertvoll* in Prenzlauer Berg zu dieser weitsichtigen Gruppe.

Die Gründerin, Judith Finsterbusch, verwirklicht ihre Vision von nachhaltiger Mode, die zugleich gut aussieht. Verkauft wird nur Kleidung von Labels, die diesem Anspruch gerecht werden. Transparenz – vom Anbau über die Herstellung bis zum Transport – ist ein Muss. Frauen und Männer finden handgefertigte Mode, die sowohl optisch als auch haptisch Freude bereitet: Lieblingsstücke eben! Der angenehme Tragekomfort potenziert sich durch das Wissen um die unbedenklichen und fairen Herstellungsbedingungen.

Ein erlesenes Sortiment, kombiniert mit einer kompetenten und freundlichen Beratung, ermöglicht ein Einkaufserlebnis in entspannter Atmosphäre. Es geht um Qualität, nicht um Masse! Die Auswahl bietet alles, was der Kunde braucht und sich wünscht, und das in verschiedenen Stilen und für alle Altersgruppen. Auch die Jüngsten können »wertvoll« eingekleidet werden. Passende Accessoires finden sich ebenfalls im Geschäft. Jeder Kunde erhält beim Einkauf die passenden Pflegetipps für seine Garderobe. Das sichert Langlebigkeit und Schönheit.

Vegane Lederwaren gehören ebenfalls zum Angebot. Die Produkte sind zertifiziert und werden von *Wertvoll* lückenlos kontrolliert. Kleine Newcomer auf dem Markt, die sich – noch – kein Siegel leisten können, dafür jedoch transparent, nach besten ökologischen Standards und handwerklich einwandfrei arbeiten, bekommen ebenfalls eine Chance.

Machen Sie nach dem Einkauf einen Spaziergang durch den Prenzlauer Berg. Der Bezirk hat eine eigene Seele. Ausgefallene Ideen überraschen, Restaurants und Cafés bedienen jeden Geschmack.

Die Anfahrt ist mit der S-Bahn bis Prenzlauer Allee und mit der Tram M4 bis Marienburger Straße möglich.

29

Ponyhütchen Store Berlin
Straßburger Straße 37
10405 Berlin
030 40740871

HANDGEFERTIGT UND VEGAN
Naturkosmetikladen Ponyhütchen

Von der selbstgerührten Deocreme bis hin zur vollständigen veganen Körperpflegelinie – was 2009 Gründerin Hendrike im heimischen Bad Zurzach begann und 2016 mit dem Auftritt in der Fernsehsendung *Die Höhle der Löwen* weithin bekannt wurde, ist heute eine etablierte Naturkosmetikmarke, die es über die Schweizer Grenze bis nach Berlin geschafft hat. Das Besondere an *Ponyhütchen*? Alles ist handgemacht und vegan, ansprechend gestaltet und darüber hinaus bezahlbar.

Wer die Naturkosmetik nicht online kaufen will, hat mittlerweile die Möglichkeit, sie im Laden in der Straßburger Straße zu erwerben. Dieser wurde 2016 eröffnet, liebevoll eingerichtet, präsentiert sich bunt und alles andere als alternativ. Die einzelnen Artikel können nicht nur erstanden, sondern zudem ausprobiert werden. Denn wer möchte nicht wissen, wie ein Deo mit der Aufschrift »Einhorn« oder »Winterzauber« riecht? Genau wie die Produktbezeichnungen und die Einrichtung sprechen auch die Verpackungen und Düfte eine junge Zielgruppe an.

Wer von der *Ponyhütchen*-Kosmetik nicht genug bekommt, kann selbst zum Tiegel greifen. Regelmäßig werden vor Ort Workshops veranstaltet, bei denen die Teilnehmer lernen, wie Deocreme, Lippenpflege, Duftkerzen, Badebomben und Co. selbst hergestellt werden können. Und das ausschließlich aus natürlichen Zutaten. Gerade zur Weihnachtszeit entstehen so kleine Präsente in liebevoller Handarbeit.

Ponyhütchen denkt auch weiter in puncto Nachhaltigkeit: Erste Verpackungen der Naturkosmetik wurden bereits auf Bio-Plastik umgestellt und bestehen nun aus nachwachsenden Rohstoffen.

Folgen Sie der Facebook-Seite von *Ponyhütchen*, um kein Angebot und keinen Workshop-Termin zu verpassen.

Den Laden von *Ponyhütchen* erreichen Sie am besten mit der U-Bahn-Linie 2 über die Haltestelle Senefelderplatz.

30

Schoppe Bräu Berlin
Brauerei: Pfefferbräu
Schönhauser Allee 176
10119 Berlin
030 32528551
www.schoppebraeu.de

NATÜRLICHE QUALITÄT ZUM TRINKEN
Brauerei und Gasthaus *Schoppe Bräu*

Prenzlauer Berg ist ein Magnet für Ur-Berliner, Zugezogene und Touristen. Unter anderem sorgt die Vielfalt in diesem Viertel für Wohlgefühl. Verschiedenste Persönlichkeiten initiieren allerorts Kreatives und Innovatives, Altes und Neues wächst zusammen. Auf dem historischen, denkmalgeschützten Industriegelände Pfefferberg eröffnete zu Beginn dieses Jahrhunderts der Bierproduzent *Schoppe Bräu* in der Schankhalle seine Brauerei mit Gasthaus.

Gebraut und ausgeschenkt wurde auf dem Areal schon im 19. Jahrhundert. Dieser Tradition folgend, stellt heute Thorsten Schoppe mit seinem Team aromatisches Bier her, das ohne Filtration und Wärmebehandlung auskommt. Immer wieder entstehen neue Kreationen. Inzwischen existiert eine ganze Bio-Linie. Die Craft-Biere haben längst Einzug in den Handel gehalten und erfreuen sich in zahlreichen Restaurants großer Beliebtheit. Für Interessenten und Liebhaber empfehlen sich Braukurse, die in regelmäßigen Abständen angeboten werden. Nach einigen Wochen darf eine Kostprobe abgeholt werden.

In der *Schankhalle Pfefferberg* wird natürlich frisch Gezapftes vom Fass ausgeschenkt. Das zünftige Gebräu passt perfekt zum gemütlichen rustikalen Ambiente: Backsteinwände, Holztische, Kupferbraukessel und vor der Tür ein herrlicher Biergarten – die Gäste lieben das Braugasthaus! Im Restaurant werden neben dem erfrischenden Getränk passende Speisen angeboten. Die Küche legt bei ihrer Zubereitung größten Wert auf Regionalität und Saisonalität. Die deftigen und trotzdem modernen Gerichte werden mit Liebe angerichtet – ein Gaumen- und Augenschmaus. Auch besondere Events lassen sich an diesem Platz bestens feiern.

Die *Schankhalle* ist ein Inklusionsunternehmen, dessen Erfolg für sich spricht. Sie beherbergt auch ein Theater, dessen umfangreiches Repertoire unter anderem Opern, Kindertheater, Märchen und Zirkusvorstellungen umfasst.

Die Anfahrt erfolgt mit der U-Bahn-Linie 2 über den Bahnhof Senefelderplatz.

REGIONAL UND BIO FÜR ALLE
LPG Biomarkt

Bewusst einkaufen liegt vielen Menschen am Herzen. Konventionelle Supermärkte führen inzwischen durchgängig Bio-Produkte. Die Auswahl ist allerdings beschränkt. Ein wirklich vielfältiges Sortiment bietet hingegen die LPG, und das vergleichsweise günstig. Bereits 1994 eröffnete unter diesem Namen der erste Bio-Supermarkt der Stadt. Mittlerweile haben zehn Filialen in den unterschiedlichsten Bezirken ihre Pforten geöffnet – die größte in der Kollwitzstraße.

Die Einkaufsfläche verteilt sich auf zwei Etagen. Direkt neben dem Eingang befindet sich der Stand mit frischen Backwaren. Brote und Brötchen, Kuchen und Torten – auch vegan – lassen keine Wünsche offen. Das reichhaltige Angebot an frischem Obst und Gemüse stammt vielfach aus der Region. Hochwertiger Käse und Antipasti sind an einer offenen Theke erhältlich, die Fleisch- und Wurstwaren an der Frischetheke im hinteren Bereich. Artgerechte Tierhaltung ist selbstverständlich. Milchprodukte sowie vegane Alternativen stehen in großen Kühlschränken in der oberen Etage bereit. Bio-Weine aus verschiedenen Anbaugebieten sowie einige Bio-Biere bereichern jeden Gaumenschmaus.

Beeindruckend ist ebenfalls das große Sortiment an Kosmetik- und Pflegeartikeln, Reinigungs- und Waschmitteln. Darüber hinaus serviert das integrierte Bio-Bistro gesunde Mittagsgerichte, mit täglich wechselnder Karte. Kaffee, Kuchen und Belegtes können im Innen- und Außenbereich verzehrt werden.

Die Philosophie der LPG konzentriert sich auf Regionalität und Saisonalität. Die Erzeuger und ihre Arbeitsweise sind bekannt, die Transportwege kurz. Kunden können sogar das *Ökodorf Brodowin* besuchen, von dem einige der Milchprodukte stammen. Besichtigungen werden regelmäßig vom Markt organisiert.

Kunden wird eine Mitgliedskarte angeboten, mit der sämtliche Preise günstiger werden. Bei regelmäßigen Einkäufen lohnt sie sich.

Die U-Bahn-Linie 2 hält direkt vor der Tür an der Station Senefelderplatz. Die Filiale verfügt auch über Fahrradständer, und bei Bedarf kann man die geschäftseigene Tiefgarage nutzen.

32

Ökomarkt am Kollwitzplatz
(donnerstags)
Wörther Straße 35
10435 Berlin

Information:
Grüne Liga Berlin e. V.
Prenzlauer Allee 8
10405 Berlin
030 4433910
www.grueneliga-berlin.de

MARKTTREIBEN AUF HOHEM NIVEAU
Ökomarkt am Kollwitzplatz

Nicht nur Prenzelberger schätzen ihren Markt auf dem Kollwitzplatz. Er ist bekannt über die Stadtbezirksgrenzen hinaus, hat Zulauf aus ganz Berlin und ist beliebt bei Touristen. Veranstalter ist der Naturschutzverband *Grüne Liga*.

Jeden Donnerstag wartet ein vielfältiges Angebot an regionalen und ökologischen Lebensmitteln auf seine Käufer. Die vertretenen Bauern kommen alle aus der Region. Sie ernten morgens ihr Obst und Gemüse, das dann knackfrisch auf dem Markt verkauft wird. Fleisch, Wurst, Milchprodukte und Eier stammen aus artgerechter Tierhaltung. Wer über den Markt schlendert, stößt ebenfalls auf Textilien, Naturkosmetik, Bücherschätze und ausgewähltes Kunsthandwerk. Die Waren sind in Handarbeit entstanden, nachhaltig und teilweise bio-zertifiziert. Ein warmer Mittagstisch mit variantenreichen Speisen sowie Kaffee und Kuchen laden auf eine Auszeit unter freiem Himmel ein. Frische Pizza, Thüringer Rostbratwurst und heiße Crêpes sind nur einige Empfehlungen. Kinder können sich auf dem beliebten Spielplatz mitten auf dem Kollwitzplatz austoben.

Das besondere Flair des Bezirks mitsamt seinem bunt gemischten Publikum macht den Marktbesuch zu einem einzigartigen Ereignis. Wer regelmäßig kommt, wird das eine oder andere bekannte Gesicht aus Politik und Gesellschaft antreffen.

Besonders schön ist der Advents-Ökomarkt. Er findet an allen vier Sonntagen der Vorweihnachtszeit satt. Bei Glühwein und Punsch darf ordentlich geschlemmt werden. Herzhafte und süße Speisen locken mit herrlichen Düften. Zusätzlich werden Weihnachtsschmuck, Spielwaren, Kuscheltiere und Textilien verkauft. Die handgefertigten Artikel in guter Qualität eignen sich ideal als Weihnachtsgeschenk.

An Samstagen findet in der Kollwitzstraße ein noch größerer Wochenmarkt statt. Auch hier warten ein paar Bio-Händler auf einen Besuch.

Die Anfahrt zum Kollwitzplatz erfolgt am besten mit der U-Bahn-Linie 2 bis zum Senefelderplatz oder der Tram M2 bis zur Marienburger Straße.

33

Rowdy Prenzlauerberg
Kollwitzstraße 71
10435 Berlin
0152 09866085
www.rowdy-barber.de

Rowdy Friedrichshain
Gärtnerstraße 4
10245 Berlin
0151 75242385

HAARIGE MÄNNERPFLEGE MIT STIL
Barbershop *Rowdy*

Der Duft von Rasierwasser, Leder und Holz. Dazu Rasiermesser und Drinks. Man fühlt sich in vergangene Zeiten und in ein anderes Land versetzt. Alle sprechen Englisch, im Haar glänzt Pomade, die Bärte sind lang, aber perfekt getrimmt. An diesem Ort kann man(n) zwischen Backsteinen und Whiskyglas entspannen. Was wie eine Szene aus einem alten Film scheint, findet im Hier und Jetzt in Berlin statt: beim Barber *Rowdy*.

Rowdy betreibt drei Filialen in Friedrichshain, Charlottenburg und in Prenzlauer Berg. Die Läden sind keine Zehneurosalons, in denen mit der Maschine das Nötigste gestutzt wird. Der Friseurbesuch wird zu einem Erlebnis. *Rowdy* belebt das gute alte Barbierhandwerk wieder und interpretiert es darüber hinaus klassisch mit einem modernen Twist. Egal ob Schnauzer, Vollbart oder Dreitagebart – jede Gesichtsbehaarung wird zu einem kleinen Kunstwerk. Dazu gehört natürlich auch der passende Haarschnitt. Statt Zweieuropflegeprodukten stehen Öle in Bio-Qualität und Pomade nach alten Rezepturen am Frisiertisch. Sie verkleben die Haare nicht, sondern versorgen sie mit hochwertigen Ingredienzien. Das hochpreisige Segment sorgt auch dafür, dass statt Ausbeutung der Mitarbeiter der Mensch im Mittelpunkt steht.

Bei *Rowdy* kann man als Kunde eine nachhaltige Entscheidung treffen – gegen Billiglöhne, Massenprodukte und für echtes Handwerk. Ein Ort, an dem man(n) guten Gewissens den einen oder anderen Nachmittag verbringen kann.

Empfehlung: unbedingt das Barttrimmen mit heißem Handtuch und Haarschnitt buchen. So gut gepflegt fühlt man(n) sich selten!

Der Salon in Prenzlauer Berg liegt zwischen den U-Bahn-Stationen Senefelderplatz und Eberswalder Straße. Kürzer ist noch der Weg von der Tram-Station Marienburger Straße.

34

Tribeca Ice Cream
(März–Oktober)
Rykestraße 40
10405 Berlin
01512 2784224
www.tribecaicecream.com

NATÜRLICH DURCH UND DURCH
Eisdiele Tribeca

Beim Schlendern durch Prenzlauer Berg bekommt man an warmen Tagen zweifelsohne Lust auf Eis. Der kleine Laden *Tribeca*, geführt von den Brüdern Zinsmeister, stellt besondere eisige Kreationen her: handgemacht, vegan, gluten- und sojafrei. Getestet haben sie den Verkauf dieser Köstlichkeiten in Manhattan – und das mit schlagendem Erfolg.

Als Basis kommen selbst gemachte Nussmilch, Kokosfett und Kakaobutter in der Produktion zum Einsatz, alles in bester Bio-Qualität. Gesüßt wird nur mit Kokosblütenzucker, Ahorn- und Reissirup sowie Rohrzucker. Künstliche Aromen, ungesunde Zusatzstoffe und raffinierter Zucker – Fehlanzeige! *Tribeca*-Eis verfügt über eine geschmeidige Konsistenz und überzeugt durch puren Geschmack. Nicht zu vergessen sind die köstlichen Waffeln, frisch gebacken mit Chia-Samen. Einfach zum Dahinschmelzen! So ein »gesundes« Eis darf man sich ruhig öfter gönnen, auch wenn man dafür etwas tiefer in die Tasche greifen muss. Doch die hochwertigen natürlichen Zutaten, die handgemachte Herstellung und das herrliche Aroma rechtfertigen das höhere Preisniveau.

Die exklusiven Eissorten bieten viel mehr als jedes Standardprodukt. Ideenreiche Eigenschöpfungen wollen ausprobiert werden – zum Beispiel blaues Kokosnusseis, Haselnuss-Baobao oder eine Kreation mit Aktivkohle, die für schwarzen Eisgenuss sorgt. Ein besonderes Angebot sind ebenfalls die Ice-Cream-Sandwiches in verschiedenen Variationen. Vollmundiger Kaffee und eine kleinere Getränkeauswahl gehören darüber hinaus zum Sortiment.

Das freundliche Team berät gerne. Vor dem kleinen Laden, der hell und freundlich gestaltet ist, stehen farbige Bänke. Hier kann auf schattigen Plätzen der herrliche Eisgenuss zelebriert werden. In den Wintermonaten bleibt das *Tribeca* geschlossen und öffnet seine Türen pünktlich zum ankommenden Frühling im März.

Mobil sorgt ein *Tribeca*-Bike für den Eisgenuss auf Events.

Mit der S-Bahn über Prenzlauer Allee und der U-Bahn über Senefelderplatz kommt man zur Eisdiele.

35

Holfeld und Bochnik
Stahlheimer Straße 24
10439 Berlin
030 44044669
www.holfeldundbochnik.com

AVEDA-LIFESTYLE-SALON
Friseur Holfeld und Bochnik

Gepflegte Haare wünschen sich wohl alle. Doch welcher Friseur erfüllt diesen Wunsch und arbeitet zugleich umweltbewusst?

Ganz natürlich wird bei *Holfeld und Bochnik* mit grünem Strom und Wasserspardüsen gearbeitet. Im Mittelpunkt steht der Kunde, der ein individuelles Wohlfühlprogramm mit Pflegeartikeln der Marke *Aveda* erhält. Das Kosmetikunternehmen, gegründet 1978, verspricht einen schonenden Umgang mit natürlichen Ressourcen, während die Produktion von Ayurveda und der ganzheitlichen Betrachtung des Menschen inspiriert ist.

Diese Philosophie wird auch im *Holfeld-und-Bochnik*-Salon in Prenzlauer Berg konsequent gelebt. Ein Besuch kommt einer Wellnessauszeit gleich. Begrüßt werden die Kunden mit dem beliebten Bio-Aveda-Tee. Geboten wird höchste Friseurkunst für Damen und Herren: schöne Schnitte, die den natürlichen Fall der Haare unterstützen und leicht zu stylen sind. Im separaten Herrenbereich wird zudem Bartpflege großgeschrieben. Gearbeitet wird mit unbedenklicheren Farben als in den meisten Salons. Sie sollen Mensch und Umwelt weniger belasten. Zu jedem Haarschnitt gehört des Weiteren eine wohltuende Massage, ebenfalls mit erlesenen Produkten. Dank der Behandlung kann man sofort entspannen. Danach fühlen sich Frau und Mann wie neugeboren. Ein Blick in den Spiegel zaubert ein Lächeln ins Gesicht. Die richtigen Pflegetipps sind auf den Kunden abgestimmt, und bei Bedarf können die Produkte gekauft werden.

Die freundliche Atmosphäre des Geschäfts verstärkt das Wohlbefinden. Die Räume sind großzügig und hell. Im vorderen Ladenbereich schmücken Regale und Schränke aus Holz die Wände, ein großer Teppich vermittelt Wärme. Ansonsten ist die Einrichtung pur und modern gehalten.

Termine können unkompliziert online gebucht werden.

Das Geschäft ist mit den Straßenbahnen 12 und M1 über die Haltestelle Humannplatz zu erreichen.

Tiaré Naturkosmetik
Fachgeschäft und
Behandlungen
Stargarder Straße 68
10437 Berlin
030 4455699
www.tiare.de

PIONIERARBEIT
Naturkosmetikgeschäft und -salon Tiaré

Der Szenebezirk Prenzlauer Berg ist bekannt für seine Läden, die mit modernen ökologischen Angeboten punkten. Zu ihnen gehört das Fachgeschäft für Naturkosmetik und Schönheitsbehandlungen *Tiaré*. Es wurde bereits Anfang der 1990er-Jahre eröffnet und war damit das erste seiner Art im Bezirk.

Inzwischen ist das Geschäft fest etabliert – und das aus gutem Grund! Frau und Mann finden alle Pflegeartikel für den eigenen Bedarf oder für ihren Nachwuchs. Dekorative Kosmetik verspricht zudem Make-up, das nicht nur funktionell ist, sondern darüber hinaus der Haut guttut. Eine Auswahl an Reinigungs- und Waschmitteln ergänzt die Warenpalette. Das umfangreiche Sortiment führt alle namhaften Naturkosmetikmarken und ist durchweg bio-zertifiziert.

Die ausgezeichneten Pflegeprodukte sind aber nur eine Säule des *Tiaré*-Programms. Professionelle und zugewandte Beratung macht den Einkauf zum Erlebnis. Es darf geschnuppert und geschmiert werden, um die individuell passenden Konsistenzen und Düfte für sich zu entdecken. Auf Wunsch werden eine fundierte Analyse durchgeführt und Empfehlungen ausgesprochen, was besonders Kunden mit empfindlicher beziehungsweise Problemhaut zugutekommt. Eine willkommene Auszeit aus dem Alltag kann man sich mit einer Schönheitsbehandlung gönnen. Verschiedene Angebote, kombiniert mit entspannenden Massagetechniken, sorgen für Wohlbefinden. Auch dazu beraten die Mitarbeiter gerne. Termine können persönlich oder telefonisch vereinbart werden.

Sofern möglich, werden bei Tiaré Flaschen und Tiegel aus Kanistern nachgefüllt, das hilft der Umwelt. Wer auf der Suche nach einem Geschenk ist, wird ebenfalls fündig – zum Beispiel in Form von Gutscheinen, Accessoires oder Schmuck.

Ein Produktversand kann auf Anfrage innerhalb und außerhalb Deutschlands erfolgen.

Die Straßenbahnen 12 und M1 halten direkt um die Ecke an der Station Stargarder Straße.

37

Blumencafé und Blumenladen
Schönhauser Allee 127a
10437 Berlin
Café: 030 44734226
Laden: 030 44734227
www.blumencafe-berlin.de

BIO-ESSEN FÜR PFLANZENFREUNDE
Blumencafé und -laden

Im *Blumencafé* werden buchstäblich alle Sinne angesprochen. Das Konzept hält, was es verspricht: einen wunderschönen Blumenladen in Symbiose mit einem Café. Angeboten werden regionale und faire Waren.

Das umfangreiche Sortiment lässt keine Wünsche offen: Schnittblumen in verschiedensten Variationen, Grün- und Blühpflanzen sowie eine beachtliche Kakteenauswahl. Die Auswahl wird saisonal getroffen und stammt aus der unmittelbaren Umgebung. Auf den Einsatz von Pestiziden wird von den Erzeugern selbstverständlich verzichtet.

Die passenden Gefäße für die Pflanzen können Kunden gleich mit erwerben. Diese bestehen aus unterschiedlichen Materialien und sind teilweise sogar handgemacht. Zudem kann eine professionelle Beratung zur Planung und Gestaltung sämtlicher heimischer Innen- und Außenbereiche in Anspruch genommen werden. Die Palette reicht von Empfehlungen zur Beleuchtungstechnik für Gewächse über den Verkauf von Bewässerungssystemen bis hin zur Pflanzenvermietung für Filmproduktionen und Veranstaltungen. Für besondere Anlässe kann auch Blumenschmuck eigens in Auftrag gegeben werden.

In dem Geschäft ist ein hübsches *Blumencafé* integriert. Möbel aus Holz, Hunderte Pflanzen und große Fenster schaffen ein gemütliches Ambiente. Bei Frühstück, Kaffee und Kuchen oder kleinen Speisen kann der Besucher entspannen oder den Blumenkauf planen. Die herrlichen Pflanzen rundum sorgen für ausreichend Inspiration. Kuchen und Torten werden täglich frisch gebacken, alle Speisen und Backwaren werden fast ausschließlich mit Bio-Lebensmitteln hergestellt. Ein Höhepunkt sind die beiden Papageien, die im hinteren Teil des Ladens leben und die Gäste zum Staunen bringen.

Zum Angebot gehören ebenfalls selbst geerntete, schadstofffreie Weihnachtsbäume – eine gute Voraussetzung für unbeschwerte Feiertage.

Zum *Blumencafé* gelangt man mit der U- und S-Bahn bis zum Bahnhof Schönhauser Allee.

38

The Juicery Berlin
Eberswalder Straße 2
10437 Berlin
0176 64966149
www.thejuiceryberlin.com

EINMAL GESUND, BITTE!
Saft- und Smoothie-Bar *The Juicery*

Läden, die frisch gepresste Säfte und Smoothies in allen erdenklichen Sorten verkaufen, gibt es in großer Zahl. Anbieter, die Getränke ausschließlich aus Bio-Zutaten herstellen, auf Nährwerte setzen und außerdem nachhaltige Verpackungen nutzen, sind allerdings noch eine Rarität. Die Saft-Bar *The Juicery* macht genau das. Wer lediglich einen Bio-Apfel, einen schnellen Shot, *Cold Brew Coffee* oder *Fancy Snacks* kaufen möchte, wird ebenfalls fündig.

Standardmäßig kann man aus einem Sortiment von neun verschiedenen Smoothies und sieben unterschiedlichen kalt gepressten Säften wählen, die in zwei Größen ausgeschenkt werden: in 300 und 500 Milliliter. Die Zutaten reichen dabei von klassischem Obst und Gemüse wie Apfel und Karotte bis hin zu ausgefallenen Ingredienzien wie Propolis und Zitronengras – alles stammt aus kontrolliert biologischem Anbau. Gewürze wie Pfeffer und Kurkuma spielen bei den Kreationen ebenfalls eine Rolle. Doch auch wer einen puren frisch gepressten Selleriesaft trinken und damit seiner Gesundheit etwas Gutes tun möchte, kann bei *The Juicery* einkehren.

Die beachtliche Auswahl an Getränken wird immer wieder von individuellen, meist saisonalen Angeboten ergänzt. Verschiedene Bowls und der beliebte Ingwer-Shot erwarten einen das ganze Jahr über und sorgen neben einer Geschmacksexplosion für einen ordentlichen Energieschub für das Immunsystem. Geschmack und Qualität überzeugen immer. Sitzplätze sind eine Hand voll zwischen zahlreichen Bananenstauden vorhanden.

Empfehlenswert ist besonders der Smoothie *Blueberry-Kale* mit Blaubeeren, Kohl, Erdbeeren, Vanille, Mandeln, Datteln, Avocado und Chia-Samen.

Die Saft-Bar liegt in Berlin-Prenzlauer Berg gegenüber dem Mauerpark und ist auf grünem Weg per U-Bahn bis Eberswalder Straße oder mit diversen Trams zu erreichen.

39

Superfoods & Organic Liquids
Standort Mitte 1
Friedrichstraße 63
10117 Berlin
www.superfoodsberlin.com

Standort Charlottenburg
Schlüterstraße 37
10629 Berlin

SCHNELL NAHRHAFT SCHLEMMEN
Lokal *Superfoods & Organic Liquids*

In Berlin pulsiert das Leben, Großstädter und Besucher eilen durch die Straßen. Immer mehr Menschen wünschen sich unterwegs eine gesunde Ernährung, die schnell in den Tagesablauf zu integrieren ist. Die kleine Restaurantkette *Superfoods & Organic Liquids* erfüllt genau dieses Bedürfnis. Neben den zwei Standorten in Mitte bietet ein Lokal in Charlottenburg nahrhaftes Essen und Trinken.

Das Lokal in Mitte auf der Friedrichstraße ist einfach mit der U-Bahn zu erreichen. Die Einrichtung ist hell, pur, schnörkellos und damit passend zum angebotenen Ernährungskonzept »Clean Eating«. Getränke und Speisen sind von Bio-Qualität, das Essen vegetarisch oder vegan, gluten- und teilweise weizenfrei und vor allem nicht industriell verarbeitet sowie ohne Zusätze. Nahrungsmittelunverträglichkeiten darf man hier getrost vergessen. Eine umfangreiche Auswahl an Bowls mit verschiedenen Toppings, belegte Brote, Suppen, knackige Salate, frisch gepresste Säfte oder Smoothies liefern wertvolle Vitamine und Mineralstoffe. Frische vegane Waffeln, Riegel und Kekse schmecken einfach köstlich. Viele regionale und saisonale Produkte landen auf den Tellern und in den Gläsern.

Bei einem gesunden Snack verbringen Menschen gerne ihre Mittagszeit oder gönnen sich eine kurze Pause vom Großstadtleben. Wer möchte, nimmt sein Frühstück oder Mittagessen mit ins Büro, nach Hause oder in die Natur. Die Kühlung bietet ein reichhaltiges Sortiment. Säfte und Smoothies zum Mitnehmen werden in Glasflaschen verkauft. In Stein gemeißelt sind die Rezepturen nicht, Kundenwünsche werden kreativ umgesetzt. Für einen schnellen Energiekick stehen Shots bereit, die halten, was sie versprechen. Das Preisniveau liegt zwar etwas höher, dafür kann man sich mit bester Qualität verpflegen.

Unbedingt den gesunden Schokopudding mit rohem Kakao und Datteln genießen! Industriezucker sucht man zum Glück vergebens.

Die nahe gelegene U-Bahn-Station Stadtmitte erreicht man mit den Linien 2 und 6.

40

Zeit für Brot
Filiale Mitte 1
Alte Schönhauser Straße 4
10119 Berlin
030 28046780
www.zeitfuerbrot.com

Filiale Mitte 2
Weinbergsweg 2
10119 Berlin
030 41500490

ALTES HANDWERK IM MODERNEN GEWAND

Bäckereifiliale *Zeit für Brot*

Die Deutschen sind weltweit bekannt für ihre Liebe zum Brot. Nirgendwo sonst gibt es so viele verschiedene Sorten wie bei uns. Inzwischen verkaufen Supermärkte, Discounter und selbst zahlreiche Bäckereien industriell gefertigte Backwaren. Deren Teig wird sehr schnell verarbeitet, außerdem finden sich oft Zusatzstoffe darin. *Zeit für Brot* folgt hingegen der alten Tradition des Handwerks.

Neben zwei Filialen in Mitte führt das Unternehmen weitere in Charlottenburg und Prenzlauer Berg. Sämtliche Standorte produzieren klimaneutral mit Ökostrom. Gebacken wird stets vor Ort, und die Kunden können den Meistern dabei sogar zusehen. Die Philosophie steckt schon im Namen des Unternehmens: dem Brot Zeit lassen! Vielen Menschen, die über eine Gluten- oder Weizenunverträglichkeit klagen, bekommt dies ausgezeichnet. Je länger der Teig ruhen darf, desto verträglicher wird das Endprodukt. Anfangs enthaltene Zuckersorten lösen sich während des Prozesses weitestgehend auf. *Zeit für Brot* verwendet zudem nur beste Zutaten in Bioland-Qualität. Alle stammen aus ökologischer und nachhaltiger Landwirtschaft der Region. Chemische Zusätze bleiben außen vor. Professionelle Handwerkskunst, Ruhe und Sorgfalt lassen in Kombination mit den wertvollen Inhaltsstoffen ein schmackhaftes und gesundes Brot entstehen. Ein umfangreiches Angebot hält für jeden Geschmack das Passende bereit. Freundliche Mitarbeiter beraten bei der Auswahl gerne und kompetent.

Neben den leckeren Backwaren sind unter anderem belegte Stullen, Brezeln, Chia-Pudding und frische Salate erhältlich. Dazu passt hervorragend eine Tasse Kaffee oder Tee, und man kann in der Bäckerei gemütlich seine Mittagspause verbringen oder zwischendurch einen Snack einnehmen. Bedürftige erhalten die übrig gebliebene Ware des Tages in Form von Spenden.

Probieren Sie die unverschämt leckeren süßen Schnecken in verschiedenen Sorten!

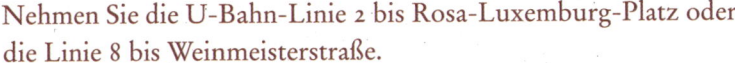

Nehmen Sie die U-Bahn-Linie 2 bis Rosa-Luxemburg-Platz oder die Linie 8 bis Weinmeisterstraße.

41

Ecoalf
Alte Schönhauser Straße 5
10119 Berlin
030 27907727
www.ecoalf.com

NACHHALTIG AUF GANZER LINIE
Laden der Modemarke Ecoalf

Mit modischer Kleidung möchten sich die meisten Menschen schmücken. Inzwischen ist jedoch bekannt, wie viel Raubbau an Natur und Mensch durch die Modeindustrie betrieben wird. Dazu kommen riesige Abfallberge. Die gute Nachricht ist, dass sich Chic, Eleganz, Tragekomfort, Schonung unserer Ressourcen und Umweltverträglichkeit nicht ausschließen müssen. Ein innovativer Vorreiter für eine verantwortungsbewusste Produktion ist das spanische Label *Ecoalf*. Es beschreitet völlig neue Wege, die wohl jeden überraschen und an Nachhaltigkeit kaum zu übertreffen sind. In Deutschland ist die Modemarke mit nur einem Laden vertreten, der sich im Herzen Berlins befindet.

Damen, Herren und Kinder können sich vollständig bei *Ecoalf* einkleiden. Taschen und Schuhe stehen ebenso zur Auswahl. Das Konzept des Unternehmens ist, Kleidung und Accessoires komplett aus recyceltem Material herzustellen: Plastik, Autoreifen, Wolle, Baumwolle, Nylon – alles wird wiederaufbereitet und tragbar gemacht. Forschung und Entwicklung neuer Technologien machen dies möglich. Alle Produkte sind schadstofffrei, strapazierfähig, langlebig und fühlen sich darüber hinaus auf der Haut angenehm an. In Sachen Stil kann die Marke zugleich mit etablierten konventionellen Labels mithalten.

Ein Besuch im Berliner Geschäft sorgt nicht nur für ein Aha-Erlebnis in Sachen Mode. Genauso wie die Kleidung besteht auch die Einrichtung aus recycelten, nachhaltigen Materialien. Das gesamte Haus arbeitet energieeffizient. Ein integrierter Garten, eine Sitzgruppe, die ausgefeilte Beleuchtung und Naturbilder beeindrucken zudem mit einem einzigartigen Stil. Ein Rundgang mit oder ohne Einkauf ist unbedingt zu empfehlen. Von Hektik und Konsumrausch keine Spur. Mit Informationen und Präsentationen wird den Besuchern bei Interesse die Umweltproblematik nähergebracht.

Die *Ecoalf*-Stiftung unterstützt das internationale Projekt *Upcycling the Oceans* zur Säuberung der Meere.

Den Laden erreichen Sie mit der U-Bahnlinie 2 bis Rosa-Luxemburg-Platz und 8 bis Weinmeisterstraße.

42

**Paper & Tea
Standort Mitte**
Alte Schönhauser
Straße 50
10119 Berlin
www.paperandtea.de

Standort Charlottenburg
Bleibtreustraße 4
10623 Berlin-
Charlottenburg

GENUSS IM EDLEN GEWAND
Teeladen *Paper & Tea*

In unserer Kultur ist das Kaffeetrinken tief verwurzelt. Alternativ dazu wächst die Nachfrage nach gutem und erlesenem Tee. In den Wintermonaten lieben wir das wärmende Getränk, um die Kälte zu vertreiben. Im Sommer hingegen kann es erfrischend und belebend wirken. Ein gemütliches Zusammensein, eine Ruhepause oder Anregung für den Tag – das alles lässt sich mit der richtigen Sorte realisieren. Nebenbei nimmt man mit einem hochwertigen Produkt jede Menge Vitamine, Mineralstoffe und Antioxidantien auf.

Voraussetzung für das perfekte Getränk sind nachhaltig produzierte Produkte in Bio-Qualität, die nicht mit Pestiziden belastet sind. Bei *Paper & Tea* werden Teeliebhaber und solche, die es werden wollen, fündig. In Berlin existieren drei Standorte: neben einer Vertretung im *KaDeWe* und in Charlottenburg ein Laden im quirligen Bezirk Mitte. Dessen Interieur dominiert in Schwarz-Weiß. Insgesamt wirkt das Geschäft edel und modern. Die sieben Meter lange *Wall of Tea* wartet mit einem vielfältigen Sortiment in unterschiedlichen Oxidationsstufen auf. Weißer, grüner und schwarzer Tee aus verschiedenen Teilen der Welt sind gut sortiert zu finden. Die Kräutermischungen stehen in einem separaten Regal. Jede Sorte wird informativ vorgestellt, Sichtgläser offenbaren die Beschaffenheit. Eigens hergestelltes Papier für die Verpackung passt sich farblich an das jeweilige Produkt an. Gehandelt werden nur Ganzblatt-Tees.

Gute Blätter allein machen aber noch kein perfektes Getränk. Die Zubereitung ist mindestens genauso wichtig. Traditionelle Rituale werden daher hochgehalten und an die Kunden weitergegeben. Das passende Zubehör kann ebenfalls erworben werden. In Handarbeit, aus natürlichen Materialien hergestellt, schmücken die Artikel jedes Zuhause.

Besonders in der Weihnachtszeit findet man bei *Paper & Tea* hübsche Geschenke und Mitbringsel. Die Beratung ist exzellent.

Die U-Bahn-Linie 8 bis Weinmeisterstraße oder die Line 2 bis Rosa-Luxemburg-Platz eignen sich perfekt für die Anfahrt.

43

**Good Bank
Restaurant Mitte 1**
Rosa-Luxemburg-Straße 5
10178 Berlin
www.good-bank.de

Restaurant Mitte 2
Dorotheenstraße 37
10117 Berlin

SELBSTANGEBAUTER SALAT IN DER STADT
Bistro-Restaurant *Good Bank*

Das Konzept der vertikalen Farmen ist nicht mehr neu und bietet zahlreiche Vorteile: Neben der lokalen Produktion ohne Transportwege werden in der Regel keine Pestizide und Fungizide verwendet. Zusätzlich wachsen die angebauten Lebensmittel sehr schnell – dank optimiertem Lichtzyklus und perfekter Nährstoffversorgung. Dieses Prinzip verfolgt auch das weltweit erste »vertical farm to table«-Restaurant *Good Bank*, das sein Gemüse mitten in Berlin selbst anbaut. Verarbeitet wird es an den drei Standorten Alt-Moabit, Dorotheenstraße und Rosa-Luxemburg-Straße. Lokaler essen geht nicht.

Wer sich nachhaltig ernähren möchte, steht meist vor zwei Herausforderungen: erstens die Regionalität des Anbaus, zweitens die ökologische Art der Landwirtschaft. Bei *Good Bank* in Berlin sind beide Bedingungen erfüllt. Täglich werden in den hauseigenen vertikalen Farmen über 100 Salatköpfe geerntet und unmittelbar in der Küche der Restaurants zubereitet. Zudem wird auf lange Kühlketten verzichtet, wodurch eine Menge Energie eingespart wird. Abstriche muss man auch bei der Verpackung nicht befürchten. Entweder man isst im Laden, in dem alles wiederverwendbar ist, oder man nimmt sich seinen Salat in einer nachhaltigen und ökologischen Verpackung mit.

Zusätzlich zu den selbst angebauten Salaten, die es in drei verschiedenen Sorten gibt, verwendet *Good Bank* fast ausschließlich regionale und saisonale Lebensmittel. Täglich stehen neben verschiedenen Salat-Bowls weitere Gerichte zur Auswahl. Sonderwünsche sind ebenfalls kein Problem. Neben vegetarischen und veganen Speisen bietet das Bistro Fleisch und Fisch an. Die Zutaten kommen immer aus artgerechter Tierhaltung. Somit kann man guten Gewissens zuschlagen. Lecker sind ebenfalls die Nachspeisen. *The Good Balls* sind kleine Bällchen, die ohne Zucker auskommen, dafür aber mit viel Geschmack: gesüßt nur mit Datteln und mit veganen Rohzutaten wie Mandeln, Kokosmilch oder Leinsamen veredelt.

Den Salat einfach mal ohne alles kosten! Er ist aromatisch, immer knackig und frisch – eben am selben Tag geerntet!

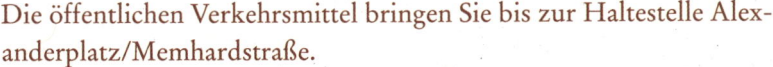

Die öffentlichen Verkehrsmittel bringen Sie bis zur Haltestelle Alexanderplatz/Memhardstraße.

44

Oliveda
Neue Schönhauser
Straße 11
10178 Berlin
030 24531446
www.oliveda.com

MADE BY NATURE
Laden der Naturkosmetikmarke Oliveda

Ein hektischer Alltag, oft kombiniert mit ungesunden Ess- und Lebensgewohnheiten, zeigt unerwünschte Wirkungen auf unsere Gesundheit und unser Hautbild. Bei diesem Problem setzt die Philosophie der Naturkosmetikmarke *Oliveda* an. Sie verfolgt ein nachhaltiges Konzept, das den Menschen ganzheitlich und im Einklang mit der Natur betrachtet.

Vor ungefähr 20 Jahren erlebte der Firmengründer, Thomas Lommel, einen gesundheitlichen Tiefpunkt und suchte nach alternativen Behandlungsmöglichkeiten. Er war fasziniert von der Ästhetik und den heilenden Kräften der Olivenbäume und begann Letztere zu nutzen. Die Erfolge ließen nicht lange auf sich warten. Daraus entwickelte sich mit der Zeit eine umfassende naturbasierte Produktlinie für alle Lebensbereiche.

An dem Berliner Standort wird eine Fülle an pflegender Naturkosmetik angeboten, die ohne die sonst übliche Zugabe von Wasser auskommt. Dieses ersetzt der Zellsaft der Olivenbäume beziehungsweise -blätter. Die Wirkung der Produkte soll sich dadurch enorm potenzieren. Olivenöl, Mundziehöl, eine Detox-Kur und sogar eine Olivenbaummeditation gehören zum Gesamtkonzept. Das Prinzip »Schönheit und Gesundheit zum Trinken« ist derzeit in aller Munde. Bei *Oliveda* findet man auch das – ohne überflüssige oder gar bedenkliche Zusatzstoffe. Alle Artikel werden in bester Bio-Qualität hergestellt.

Wer die perfekt passende Pflege sucht oder mit Hautproblemen kämpft, kann sich ausgiebig beraten und ein personalisiertes Sortiment zusammenstellen lassen. Die freundlichen Mitarbeiter beraten professionell. Hier darf man zudem fühlen, riechen und schmecken, bevor man sich entscheidet.

In dem kleinen Laden fühlt man sich zwischen all den Flaschen und Tiegeln aus dunklem Glas wie in einer alten Apotheke. Der Raum strahlt eine Atmosphäre aus, die Besucher willkommen heißt.

Die nächst gelegene U-Bahn-Station ist die Haltestelle Weinmeisterstraße.

45

Grüne Erde
Store & Schlafwelt Berlin
Oranienburger Straße 1–3
10178 Berlin
www.grueneerde.com

NACHHALTIGES ZUHAUSE
Möbel- und Schlafwelt der Firma *Grüne Erde*

Wie wollen wir leben? Täglich sehen wir uns mit den Folgen des Klimawandels und dem Raubbau an der Natur konfrontiert. Zunehmend drängt sich die Frage auf, wie wir einen nachhaltigen Alltag im Einklang mit der Umwelt führen können. Einige Lösungen bietet der *Grüne-Erde*-Laden am Hackeschen Markt. Auf zwei Etagen erfahren Kunden ein Einkaufserlebnis, bei dem sich der ökologische, nachhaltige und sozial-faire Gedanke durch alle Lebensbereiche zieht. Ein Besuch kann jedem ans Herz gelegt werden.

Auch wer nur schauen möchte, wird angenehm überrascht sein, wie vielseitig bewusster Konsum sein kann. Im Erdgeschoss findet sich alles rund um Mode und Naturkosmetik sowie Schönes und Nützliches für kleine Erdenbürger – hergestellt aus besten Materialien und Rohstoffen. Ein Stockwerk höher beeindrucken Möbel in schlichter Eleganz durch Ästhetik und Funktionalität. Natürliche Materialien verbinden sich mit handwerklicher Kunst – und das ganz ohne Schadstoffe. Ein klares Design und nachhaltige Herstellung bieten zeitüberdauernde Behaglichkeit und Komfort. Bei Bedarf steht eine professionelle Einrichtungsberatung zur Seite. Diese ist nahezu obligatorisch, wenn es um erholsamen Schlaf geht. Jeder weiß, wie wichtig er ist, aber nicht jeder findet ihn. *Grüne Erde* stellt alles dafür Notwendige zur Verfügung: vom Bett über Lattenrost und Matratze bis zum Kopfkissen. Natürlich werden höchste Qualitätsstandards gesetzt.

Für ein gemütliches Zuhause braucht es zudem Accessoires, die in großer Auswahl angeboten werden. Sie vermitteln das gute Gefühl, sich mit schönen Dingen zu umgeben, die zugleich ökologisch unbedenklich produziert wurden.

Das österreichische Unternehmen lässt seine Produkte ausschließlich in regionalen Werkstätten fertigen und vermeidet lange Transportwege.

Am besten nehmen Sie die S-Bahn-Linien 5, 7, 75 oder die Straßenbahnen M1, M4, M5 und M6 bis zum Hackeschen Markt.

46

Kopps Berlin
Linienstraße 94
10115 Berlin
030 43209775
www.kopps-berlin.de

VEGAN, LOKAL, GESUND
Restaurant Kopps

Seit 2011 bietet das vegane Restaurant *Kopps* seinen Gästen moderne, gesunde und hochwertige Speisen. Geboten wird überwiegend regionale Kost in Bio-Qualität. Eine feste Speisekarte gibt es nicht. Gekocht wird, was die Bauern aus dem Berliner Umland liefern. Auf diese Weise landen immer saisonale, frische und an Kreativität kaum zu übertreffende Gerichte auf den Tellern, die vorzüglich schmecken.

Die exzellente Küche wird nicht nur von Veganern geschätzt – auch Freunde von Fleischgerichten erfahren eine willkommene Abwechslung und manche Horizonterweiterung. Geschmacksexplosionen sind garantiert. Die leckeren Cocktails sind ebenfalls ein Highlight. So verwundert es nicht, dass das *Kopps* zu den beliebtesten Restaurants der Stadt avanciert ist.

Das helle, elegante Lokal mit großen Fenstern, Holz, Spiegeln und Raumteilern, die kleine Nischen schaffen, strahlt Gemütlichkeit aus. In der Mitte steht ein Holztisch für größere Gesellschaften. Regelmäßig finden Kochkurse statt, in denen die Küchenchefs mit den Teilnehmern ein Menü zubereiten – sehr empfehlenswert für Neueinsteiger der veganen Ernährung sowie Fortgeschrittene. Dienstags bietet das Restaurant ein »Come together« an. Serviert wird ein Drei-Gänge-Menü, bei dem man einander kennenlernt. An den Wochenenden wird zum Brunch geladen. Das Buffet ist reichhaltig, ideenreich und ansprechend angerichtet. Abends darf dann wieder diniert werden. Private Events können ebenfalls im *Kopps* gefeiert oder der Catering-Service in Anspruch genommen werden.

Übrigens arbeitet das *Kopps* nicht nur mit Bio-Lebensmitteln, auch Strom und Reinigungsmittel sind grün. So ergibt sich ein nachhaltiges Gesamtkonzept, das überzeugt.

An den Weihnachtsfeiertagen können Gäste ein veganes Menü beziehungsweise einen entsprechenden Brunch genießen – eine tolle Alternative zum üblichen Braten!

Das *Kopps* ist mit der U-Bahn-Linie 8 über den Rosenthaler Platz zu erreichen.

47

Lokal
Linienstraße 160
10115 Berlin
030 28449500
www.lokal-berlin.
blogspot.de

DER NAME IST PROGRAMM
Restaurant *Lokal*

Hier ist der Name quasi Programm! *Lokal* deckt den Tisch regional! Gekocht wird mit Erzeugnissen aus dem Spreewald und der Uckermark. Als Vorreiter auf diesem Gebiet verarbeitet das Restaurant zudem Tiere ganzheitlich.

Serviert wird deutsche Küche, die schmeckt und immer wieder neu interpretiert wird. Kurze Wege und Bekanntheit der Erzeuger garantieren dauerhaft frische und qualitativ hochwertige Lebensmittel. Das Fleisch stammt aus artgerechter Haltung. Durch die Verarbeitung des gesamten Fleisches werden regelmäßig Innereien angeboten – ruhig mal ausprobieren! Die Speisekarte wechselt täglich, ist überschaubar und von den Ideen des Küchenchefs inspiriert.

Dieses besondere Konzept wird seit Bestehen des Restaurants 2011 umgesetzt, noch bevor andere folgten. Eröffnet wurde es von Maren Thimm, gemeinsam mit ihrem inzwischen verstorbenen Mann Gary Hoopengardner, Koch und Maler. Die Inhaberin begrüßt ihre Gäste heute noch gerne persönlich und sorgt gemeinsam mit ihrem freundlichen Personal für eine ungezwungene Atmosphäre für den ganzheitlichen Genuss.

Räume und Einrichtung sind hell, modern und gemütlich, mit ländlichem Charme, der durch naturbelassene Holztische unterstrichen wird. Frische, duftende Blumen setzen hübsche Farbtupfer. Angenehme Beleuchtung spendet ausreichend Licht zum Essen und unterstreicht zugleich das gemütliche Ambiente. Berliner und Touristen fühlen sich gleichermaßen wohl. Qualitätsweine gehören ebenfalls zur Auswahl, zu der kompetent beraten wird. Und das Dessert als krönenden Abschluss sollte man sich auf gar keinen Fall entgehen lassen.

Aufgrund der großen Beliebtheit des Restaurants und seiner guten Auslastung wird eine Reservierung empfohlen. Diese ist auch kurzfristig möglich.

Die Anfahrt erfolgt unkompliziert mit der U-Bahn-Linie 8 bis zum Rosenthaler Platz.

48

**Princess Cheesecake
Filiale Mitte**
Tucholskystraße 37
10117 Berlin
030 28092760
www.princess-cheesecake.de

Filiale Charlottenburg
Knesebeckstraße 32
10623 Berlin
030 88625870

PATISSERIE VOM FEINSTEN
Café Princess Cheesecake

Wir alle kennen und (fast) alle lieben ihn: den Käsekuchen! Im Café *Princess Cheesecake* wird er von einem internationalen Team nach unterschiedlichen Rezepten aus aller Welt gebacken. Hohe Handwerkskunst vereint sich mit wertvollen bio-zertifizierten Zutaten. Bevorzugt werden Lebensmittel aus der Region, während exotische Zutaten fair gehandelt sind.

Die Auswahl ist groß. Ob klassisch, fruchtig oder schokoladig – jeder findet den Cheesecake für seinen Gaumen. Für vegane Kuchenliebhaber eignen sich die süßen Petit Fours, die auch ohne Quark und Käse punkten. Lactose- und glutenfreie Spezialitäten sind ebenfalls im Angebot. Ganz egal, welcher Kuchen oder welche Variante bevorzugt wird, die Köstlichkeiten zergehen auf der Zunge. Natürliche Aromen, beste ökologische Zutaten und saisonale Früchte aus der Region versprechen eine Geschmacksexplosion. Der Kaffee zum Kuchen ist selbstverständlich fair gehandelt und kommt aus einer Rösterei in Berlin-Kreuzberg.

Das kleine Kaffeehaus in Mitte wirkt bereits von außen einladend und gemütlich. Die Einrichtung ist hell, irgendwie romantisch und der Duft betörend. Besucher können sich in Ruhe ihrer süßen Leidenschaft widmen. Durch eine große Glasscheibe können die Gäste zusehen, wie die Kuchen und Torten zubereitet werden. Im Sommer werden vor dem Haus einige begehrte Außenplätze bereitgestellt. Einem gemütlichen Kaffeenachmittag auf dem eigenen Balkon steht derweil nichts im Wege. Natürlich wird alles auch außer Haus verkauft.

Das erfolgreiche Konzept gibt es seit 2018 im Doppelpack: Eine zweite Filiale hat in Charlottenburg eröffnet.

Wer Lust hat, *Princess Cheesecake* in Mitte zu besuchen, fährt mit der S-Bahn bis Oranienburger Straße.

49

Katz Orange
Bergstraße 22
10115 Berlin
030 983208430
www.katzorange.com

SLOW FOOD IM HINTERHOF
Restaurant *Katz Orange*

Ein angesagtes Slow-Food-Restaurant in Berlins Mitte ist das *Katz Orange*. Seit seiner Eröffnung 2012 hat es sich einen Namen unter Einheimischen und Touristen gemacht – zu Recht! Es bietet internationale Küche auf hohem Niveau und verknüpft zugleich Gastronomie und Nachhaltigkeit.

Die feste Speisekarte wird durch saisonale Gerichte ergänzt. Vegetarische und vegane Speisen sind etabliert und genauso köstlich wie die fleischhaltigen. Fleisch aus artgerechter Tierhaltung und hochwertige Bio-Lebensmittel aus der Region sorgen für geschmacklichen Hochgenuss. Die Küche verblüfft stets mit ungewöhnlichen Kreationen. Besonders beliebt bei den Gästen ist das *Candy on Bone*. Das Fleisch wird viele Stunden auf Niedrigtemperatur gegart, bleibt saftig, erhält eine butterzarte Konsistenz, und der Fond wird aromatisch. Ergänzt werden die Gerichte mit fantasievollen, leckeren Beilagen. Die selbst gemachten Pommes sind ein kulinarischer Glanzpunkt. Ein Dessert zum Abschluss komplettiert das Abendessen. Auch beim letzten Gang gilt der Grundsatz der kreativen Küche.

Das Lokal strahlt eine urige Gemütlichkeit aus, ist aber trotzdem modern eingerichtet. Alte Backsteinwände und Holztische versprühen Charme, Kunst an den Wänden, direkte und indirekte Beleuchtung vermitteln ein heimisches und ungezwungenes Gefühl. Dies wird durch die Freundlichkeit der Mitarbeiter verstärkt.

An der hauseigenen Bar können die Besucher den Abend ausklingen lassen. Originelle Cocktails und ungewöhnliche Spirituosen aus deutschen Destillerien werden mit Freude serviert. Im Sommer werden Plätze auf dem hübschen Innenhof angeboten. Dort sitzen die Gäste fernab der Straße und können in Ruhe ihr Essen genießen.

Wieso das Lokal *Katz Orange* heißt? Der Legende nach wurde der Inhaber auf einer Südamerikareise von Katzen mit orangefarbenem Fell inspiriert.

Zum Restaurant gelangen Sie mit der U-Bahn-Linie 8 bis zum Bahnhof Rosenthaler Platz.

50

Momos
Chausseestraße 2
10115 Berlin
0160 2688177
www.momos-berlin.de

BEWUSSTE ESSKULTUR
Selbstbedienungsrestaurant *momos*

Wer kennt sie nicht, die »Dumplings«, die gefüllten Teigtaschen aus der asiatischen Küche. Ihre Füllung besteht häufig aus Fleisch. Das *momos* in Mitte bietet sie ausschließlich in vegetarischen und veganen Varianten an – mit Zutaten aus der ökologisch nachhaltigen Landwirtschaft.

Asiatische und europäische Geschmackskomponenten werden zu köstlichen Kreationen verschmolzen. Die Lebensmittel für die hausgemachten Spezialitäten stammen größtenteils aus der Region. Alle Zutaten sind bio-zertifiziert, teilweise sogar in Bioland- oder Demeter-Qualität. Der Gast kann zwischen verschiedenen Größen und Dips wählen und sein Gericht variabel zusammenstellen. Kombiniert werden immer mehrere Zutaten, wie zum Beispiel saftiger Spinat mit würzigem Schafskäse, Kürbis und Kichererbsen oder auch Brokkoli-Shiitake-Tofu. Die Dumplings werden gedämpft, angebraten oder in einer köstlichen Suppe serviert. Lecker sind sie alle! Dazu kann man sich eine Beilage aussuchen. Nach Lust und Laune können auch »süße Momos« zum Dessert oder als Hauptspeise gewählt werden. Himbeersorbets, Schokobrownies und Teigtaschen mit Bananenfüllung laden zum Schlemmen ein.

Überraschend sind die fairen Preise. Die schlichte und moderne Einrichtung des Restaurants passt zum Selbstbedienungskonzept. Es wird bestellt und gleich bezahlt. Sitzplätze sind im Innen- und Außenbereich vorhanden. Das Treiben der Umgebung bietet eine bunte Atmosphäre. Selbstverständlich wird ebenfalls geliefert – völlig emissionsfrei mit dem Fahrrad. Dafür werden Verpackungen verwendet, die zu 100 Prozent biologisch abbaubar sind.

Ein gutes Essen im *momos* lässt sich mit einem Besuch im nahen Naturkundemuseum verbinden. Der Weg zur Invalidenstraße dauert nur ein paar Minuten zu Fuß.

Das *momos* erreichen Sie mit der U-Bahn-Linie 6 bis Oranienburger Tor. Zudem halten die Straßenbahnen M5 und 12 direkt vor der Tür.

Museum für Naturkunde
Invalidenstraße 43
10115 Berlin
030 8891408591
www.museumfuernatur-
kunde.berlin

SCHAUEN, ENTDECKEN UND FORSCHEN
Museum für Naturkunde

Das Museum für Naturkunde in Mitte ist ein absolutes Muss für Touristen und Einheimische. Durch die fossilen Fundstücke bekommen die Besucher eine Idee davon, wie unsere Welt vor ungefähr 150 Millionen Jahren ausgesehen haben könnte, und entwickeln zugleich ein Bewusstsein für deren unschätzbaren Wert. Darüber hinaus bietet die Einrichtung die Chance, an Forschungsprojekten mitzuwirken.

Bereits von außen imponiert das denkmalgeschützte Gebäude. Sein Ostflügel wurde im Zweiten Weltkrieg zerstört und in den 2000er-Jahren wieder aufgebaut. Das bekannteste Highlight ist wohl die Saurierausstellung im Lichthof. Das größte Exponat ist über 13 Meter hoch und nimmt damit sogar einen Platz im *Guinnessbuch der Rekorde* ein. Animationsfilme und Spezialfernrohre erwecken die Saurier zum Leben und vermitteln den Eindruck, man steckte mitten in einem der *Jurassic-Park*-Filme. Das Haus bietet zudem weitere sehenswerte Ausstellungen.

Das Naturkundemuseum ist jedoch nicht nur ein Ort zum Schauen und Lernen, sondern auch ein weltweit renommiertes Forschungsinstitut. Die Erde und das Leben darauf, in der Vergangenheit und in der Zukunft, stellen einen Schwerpunkt dar. Die Kommunikation nach außen und die Möglichkeit für Bürger, an Projekten mitzuarbeiten, sind ein wichtiger Pfeiler des Gesamtkonzepts. Im Zuge der *Fridays for Future*-Bewegung bietet das Museum zudem interessierten Schülern und Studenten Workshops zu den brisanten Themen Natur, Klima und Umwelt. Teilnehmer können ein Zertifikat erwerben. Das durch die Einrichtung vermittelte Verständnis von Evolution und den Auswirkungen des menschlichen Handelns auf die Natur bildet die Grundlage für einen nachhaltigen Lebensstil, der es ermöglicht, die Natur zu schützen und die Artenvielfalt zu erhalten.

Es sollte auch ein Besuch im hauseigenen Café eingeplant werden, in dem leichte Speisen, Kuchen und Getränke serviert werden.

Fahren Sie mit der U-Bahn-Linie 6 bis zur Station Naturkundemuseum. Auch die Straßenbahnen M5, M8 und M10 bringen Sie dorthin.

52

**Rosengarten im
Volkspark Humboldthain**
Höhe Brunnenstraße 109
13357 Berlin

SCHÖNHEIT, RUHE UND ROMANTIK
Rosengarten im Volkspark Humboldthain

Berlin überrascht immer wieder mit lauschigen grünen Plätzen mitten in der Stadt. Dazu gehört der Rosengarten Humboldthain, malerisch gelegen im gleichnamigen Volkspark.

An dem Standort der kleinen Oase befand sich einst eine Kirche, die im Zweiten Weltkrieg stark beschädigt und an anderer Stelle neu errichtet wurde. Heute zeigt sich hier beeindruckende Gartenkunst. 15.000 Rosen verschiedenster Arten sind in Beeten angepflanzt, duften herrlich und bieten ein buntes Farbenspiel. Kleine Schilder verraten ihre Namen, umrahmt werden sie von Buchsbäumen. Parkbänke laden zum Verweilen ein. Ein wunderbares Fleckchen Erde, um innezuhalten und die Schönheit der Natur auf sich wirken zu lassen. Paare schätzen den Ort der Romantik wegen, doch eignet er sich auch dazu, sich in die Lektüre eines Buches zu vertiefen. Ein plätschernder Brunnen mit Biberfiguren und eine schmucke Bronzeskulptur unterstreichen die idyllische Atmosphäre.

Der Rosengarten wird rundum von Hecken geschützt. Ein Besuch sollte unbedingt mit einem Spaziergang durch den umliegenden Volkspark Humboldthain verbunden werden. Er wurde in der zweiten Hälfte des 19. Jahrhunderts anlässlich des 100. Geburtstages von Alexander von Humboldt angelegt. Weitläufiger Rasen, ein betreuter Abenteuerspielplatz und ein Schwimmbad bieten kurzweilige Unterhaltung für Groß und Klein.

Zwei Hügel im Humboldthain erzählen von der Geschichte des Zweiten Weltkriegs. Unter ihnen befinden sich die Überreste der damals gebauten Bunker. Nach dem Krieg wurden sie mit Trümmerschutt aufgefüllt und nachhaltig begrünt. Berliner und Touristen nutzen diese Erhebungen heute als Aussichtspunkte und im Winter zum Schlittenfahren.

Ein mitgebrachter Picknickkorb kann für eine Stärkung zwischendurch und ein gemütliches Beisammensein sorgen.

Den Rosengarten und Volkspark Humboldthain erreicht man mit der U- und S-Bahn über die Haltestelle Gesundbrunnen.

53

Labyrinth Kindermuseum Berlin
in der Fabrik Osloer Straße
Osloer Straße 12
13359 Berlin
030 800931150
www.labyrinth-kindermuseum.de

UMWELTBEWUSSTSEIN EINFACH GEMACHT
Kindermuseum Labyrinth

Eltern und Kinder kennen das: Draußen ist es regnerisch, stürmisch und kalt. Trotzdem möchte man etwas unternehmen. An solchen Tagen bietet ein Museumsbesuch, bei dem die Kleinen aktiv werden und mitgestalten können, eine willkommene Abwechslung. Im Kindermuseum *Labyrinth* erfährt der Nachwuchs zugleich Erstaunliches über unsere Umwelt – nicht nur bei schlechtem Wetter ein ideales Ausflugsziel.

Das *Labyrinth* möchte Kindern alle wichtigen Themen unserer Zeit spielerisch näherbringen. Anschaulich werden Inhalte zu Nachhaltigkeit, Naturschutz und Vielfalt vermittelt. Verschiedene Lernstationen widmen sich jeweils einem Motto. Die kleinen Besucher haben dabei die Möglichkeit, eigene Verhaltensweisen zu überdenken und neue Ideen zu entwickeln. Die Interaktion mit anderen bringt Freude, regen Erfahrungsaustausch und schafft neue Kontakte. Oftmals verändern sich auf dieser Basis Gewohnheiten innerhalb der gesamten Familie zugunsten von Ökologie und Nachhaltigkeit. Seit 2019 werden zudem interessante, lehrreiche Workshops für Erwachsene organisiert.

Kinder lieben Verkleidungen – im Museum kann fleißig anprobiert werden! Mode aus aller Welt und dazu passende Lernangebote lassen das Verständnis für andere Kulturen wachsen. Im *Labyrinth* finden sich darüber hinaus eine Kreativwerkstatt, die zum Malen, Basteln und Werken einlädt, ein bunter Buchladen sowie eine Mitmachküche. Regelmäßig werden Ausstellungen und Workshops ins Leben gerufen. In den Ferien werden spezielle Programme veranstaltet, und auch Kindergeburtstage lassen sich im *Labyrinth* feiern.

Mit kalten und warmen Getränken sowie kleinen Speisen versorgt das Museumscafé Besucher jeder Altersklasse. Erwachsene können sich mit einem Getränk gemütlich auf die Freitreppe setzen und von dort aus den Nachwuchs im Auge behalten.

Die Öffnungszeiten des Museums variieren nach Saison. Gruppenveranstaltungen zu aktuellen Themen können jederzeit gebucht werden.

Nehmen Sie die U-Bahn bis zur Station Osloer Straße oder die Tram 50 und M13 bis zur Haltestelle Osloer Straße/Prinzenallee.

54

Himmelbeet Gemeinschaftsgarten
Ruheplatzstraße 12
13347 Berlin
www.himmelbeet.de

Himmelbeet gemeinnützige GmbH
Triftstraße 2
13353 Berlin

PREISGEKRÖNTE BEGEGNUNGSSTÄTTE
Gemeinschaftsgarten Himmelbeet

Seit 2013 existiert *Himmelbeet*. Auf einem ehemaligen Sportgelände erfüllt der Gemeinschaftsgarten alle Voraussetzungen als Begegnungsstätte von Menschen unterschiedlicher Herkunft und aller Altersklassen. Selbstverständlich wird gepflanzt, gepflegt und geerntet. Dabei kommen die Beteiligten ins Gespräch und tauschen Erfahrungen aus. Das *Himmelbeet* wurde bereits mehrfach mit Umwelt- und Naturschutzpreisen ausgezeichnet.

Kulturelle Unterschiede werden hier zur Bereicherung. Die Zusammenkünfte sind von gegenseitigem Respekt geprägt. Nachbarn lernen sich besser kennen, Freundschaften entstehen. Gegärtnert wird nach ökologischen Standards. Pflanzen, Kräuter und Gemüse können während der Öffnungszeiten käuflich erworben werden. Außergewöhnlich ist, dass die gekaufte Ware selbst geerntet und somit noch mehr wertgeschätzt wird.

Die *Himmelbeet gemeinnützige GmbH* organisiert auf dem Areal zudem bunte Veranstaltungen. Workshops zur Herstellung von Reinigungs- und Pflegemitteln sowie neuer Kleidung aus getragenen Stücken laden zum Mitmachen ein. Selbsthergestellte Produkte wie Honig, Pesto oder Kräutersalz werden auf Märkten rund um den Bezirk Wedding verkauft, der Erlös reinvestiert. Im Sommer werden im urbanen Garten Filme vorgestellt.

Gemütlich wird es im *Garten-Café*, das in nachhaltiger Bauweise aus Holz und Strohlehm errichtet wurde. Faire, regionale und lokale Lebensmittel zu erschwinglichen Preisen bilden die Grundlage für die vegetarisch-vegane Küche. Verpackungen finden nur sparsame Verwendung.

Informieren Sie sich auf der Website über die Öffnungszeiten! Durch den geplanten Start anderer sozialer Projekte wird über einen Umzug des Gemeinschaftsgartens zu einem Standort in unmittelbarer Nähe nachgedacht.

Die Anfahrt erfolgt bequem mit der U-Bahn-Linie 9 bis zum Bahnhof Leopoldplatz.

55

Lulu Guldsmeden Hotel
Potsdamer Straße 67
10785 Berlin
030 25558720
www.guldsmedenhotels.com

NACHHALTIG RESIDIEREN
Hotel *Lulu Guldsmeden*

Berlin ist immer eine Reise wert. Das Großstadtflair, die unzähligen Sehenswürdigkeiten, die von geschichtlichen Meilensteinen zeugen, viel Grün, innovative Projekte, Restaurants, Cafés und Bars ziehen in- und ausländische Gäste an. Damit der Aufenthalt zu einem wahren Erlebnis wird, sollte die Unterkunft gut gewählt sein. Im *Lulu Guldsmeden Hotel*, das schon mit seinem historischen Gebäude und der innerstädtischen Lage punktet, lässt es sich hervorragend residieren. Wie alle *Guldsmeden*-Hotels folgt es einem zertifizierten Nachhaltigkeitskonzept, ohne Verzicht auf gutes Essen und Komfort.

Das *Lulu* verfügt über Zimmer und Suiten. Fast alle sind mit Himmelbetten ausgestattet. Die Unterkünfte im Loft-Stil eignen sich für Familien: Flachbildschirme und Ventilatoren sind überall vorhanden, die obere Etage ist klimatisiert. Alle Räume sind modern, mit Holz und natürlichen, ökologischen Materialien eingerichtet. Dadurch wirken die komfortablen Zimmer gemütlich. In den Bädern liegen Naturkosmetikpflegeprodukte bereit.

Die verwendeten Zutaten in der Restaurantküche des *Season* stammen nahezu ausschließlich aus biologischem Anbau. Das Fleisch kommt aus artgerechter Haltung. Regionalität und Saisonalität sind Grundpfeiler für die kulinarischen Kreationen. Im Wohlfühlambiente, mit freundlicher Bedienung, isst man einfach göttlich. Im *Season* fühlen sich Singles, Paare und Familien bestens versorgt. Geschäftsessen finden in der *Business Lounge* den passenden Rahmen.

Berliner nutzen gerne den Mittagstisch oder das Brunch-Angebot. An einem Abend spielt Live-Musik und während der Happy Hour werden die Preise der Getränke und Speisen gesenkt. Auf der lauschigen Terrasse kann man im Sommer entspannen. Der Feierabend darf kommen!

Wer vorzüglich isst und erholsam schläft, ist bestens für die Erkundung der Stadt gerüstet. Die gute Verkehrsanbindung ermöglicht problemlos Ausflüge. Das Hotel bietet zudem einen Fahrradverleih an.

Die Anreise ist mit den Buslinien M48 und M85 möglich.

56

Bonvivant
Goltzstraße 32
10781 Berlin
0176 61722602
www.bonvivant.berlin

 # VEGAN TRINKEN UND ESSEN GEHEN
Cocktail-Bistro Bonvivant

Bar oder Restaurant? Wer weder auf einen guten Drink noch auf ein vorzügliches Essen verzichten möchte, kommt im *Bonvivant* auf seine Kosten. Das Lokal vereint auf höchstem Niveau Bistro und Bar unter einem Dach.

Das bunte Kachelhaus wirkt bereits von außen einladend. Im Innenraum mit den hohen Decken und großen Fenstern spiegeln sich die Farben des Gebäudes wider. Samt, Marmor, Messing – die Einrichtungsmaterialien fördern zusätzlich die gemütliche und moderne Atmosphäre. »Bon vivant« bedeutet im Französischen »gut lebend«, und genau das kann man an diesem Ort.

Das Konzept der veganen Küche, qualitativ hochwertig und in Verbindung mit ebenfalls veganen alkoholischen und nicht alkoholischen Drinks, geht auf. Der Laden brummt. Die Speisekarte ist überschaubar, das Cocktailangebot bunt und verheißungsvoll. Neue Variationen oder alte Klassiker neu interpretiert? Zugegebenermaßen fällt die Entscheidung nicht leicht, doch man kann getrost den Empfehlungen der freundlichen Mitarbeiter vertrauen.

Der Fokus des Bistros liegt auf regionalen und saisonalen Speisen. Es handelt sich ausschließlich um Bio-Produkte, die aus dem Berliner Umland, Brandenburg und Mecklenburg-Vorpommern stammen. Kurze Transportwege sorgen für frische Lebensmittel, die mit Liebe und Fantasie in der Küche zubereitet werden. Die vollwertigen Gerichte sind leicht, lecker und aromatisch. Keine Geschmacksverstärker oder sonstige künstliche Zusätze, nur erlesene Gewürze und feinste Kräuter, gepaart mit kulinarischer Kunst! Übrigens, der Bio-Koch und die Bartenderin haben beide schon einige Preise eingeheimst.

Besondere private oder geschäftliche Events lassen sich hervorragend in dem Galerieraum mit großem Holztisch ausrichten.

Das Cocktail-Bistro ist mit der U-Bahn-Linie 7 über den Bahnhof Eisenacher Straße zu erreichen.

57

Tempelhofer Feld
Columbiadamm 10
12101 Berlin

Informationen:
Grün Berlin GmbH
Ullsteinhaus
Mariendorfer Damm 1
12099 Berlin
030 700906710
www.gruen-berlin.de

DIE GRÖSSTE GRÜNFLÄCHE BERLINS
Tempelhofer Feld

Der Flughafen Tempelhof ist Geschichte – geblieben ist das Tempelhofer Feld. Als der Flugbetrieb 2008 eingestellt wurde, war schnell klar, dass das Areal als unbebaute Grünfläche für die Bevölkerung erhalten bleiben soll. Nachdem es der Luftfahrt und zuvor militärischen Zwecken gedient hatte, wurde es 2010 offiziell zum innerstädtischen Erholungsgebiet deklariert.

2014 haben sich die Berliner in einem Volksentscheid gegen eine Bebauung ausgesprochen, um die offene Wiesenlandschaft mit ihrer prägenden Flora und Fauna zu schützen. Auf dem Tempelhofer Feld geht es allerdings nicht »nur« um ein großes Stück Natur. Es ist ein Ort der Bildung, Entwicklung und Ideen. Für Berlin stellt es eine grüne Bereicherung im Rahmen eines nachhaltigen Stadtkonzeptes dar. Das Tempelhofer Feld soll eine Begegnungsstätte für soziales, kulturelles, kreatives und grünes Miteinander sein. Es werden immer wieder Projekte ins Leben gerufen, die durch gemeinschaftliches Engagement vorangetrieben werden. Dazu zählen ein Stadtacker und ein Kunstgarten, der Themen wie urbane Landwirtschaft, Permakulturen und die Transition-Town-Bewegung (»Stadt im Wandel«) behandelt. Während der Gemeinschaftsgarten *Rübezahl* ein Paradebeispiel für urbanes Gärtnern ist, werden im Forscherzelt *Freilandlabor Britz* Umweltbildungsveranstaltungen angeboten und Erkundungstouren unternommen.

Durch seine Weitläufigkeit findet man auf dem Sport- und Freizeitgelände – selbst an stark frequentierten Wochenenden – immer einen Lieblingsplatz für sich. Man kann zudem skaten, picknicken, grillen, Drachen steigen lassen, Fahrrad fahren oder einfach nur entspannen. Es ist der Ort in Berlin mit den meisten Sonnenstunden. Die Sonnencreme gehört also unbedingt in die Tasche!

Einfach mal den Keller nach Rollerskates und Co. durchforsten – auf dem Areal ist Platz für jegliche Sportarten.

Die U-Bahn-Linie 6, Haltestelle Platz der Luftbrücke, oder U- und S-Bahnhof Tempelhof sowie die Buslinien 104 und 248 fahren in die Nähe des Tempelhofer Feldes.

58

Jyoti – Fair Works
Okerstraße 45
12049 Berlin
0160 4600352
www.jyoti-fairworks.org

DEUTSCH-INDISCHES MODELABEL
Fair-Fashion-Laden Jyoti

Neukölln gehört seit Jahren zu den aufstrebenden Bezirken Berlins und zieht zahlreiche Newcomer an. Viele von ihnen arbeiten und entwickeln ihre Produkte unter dem Aspekt der Nachhaltigkeit. Das deutsch-indische Modelabel *Jyoti* übernimmt bei der Herstellung ökologische und soziale Verantwortung.

Der 2017 von der Modemarke eröffnete Laden in der Okerstraße ist mit Naturmaterialien eingerichtet. Der Rohstoffanbau und die gesamte Produktionskette finden in Indien statt. Beim Kauf der Materialien wird überwiegend auf das GOTS-Siegel vertraut. Das garantiert biologisch erzeugte Naturfasern und faire Preise für die Bauern. Die Weberinnen, Näherinnen und Stickerinnen sind persönlich bekannt. Sie verrichten ihr Handwerk in zwei Betrieben unter absolut fairen Bedingungen: Ordentliche Bezahlung und humane Arbeitszeiten mit Pausen sind selbstverständlich. Aus- und Weiterbildung werden zudem gefördert. Die Frauen haben dadurch die Chance auf ein menschenwürdiges Dasein und beruflichen Erfolg in einem Land, in dem dies nicht selbstverständlich ist.

Mit seinem verantwortungsbewussten Konzept engagiert sich das Label *Jyoti* für ein Umdenken unserer Gesellschaft in Richtung Nachhaltigkeit, Ökologie und Fairness. Die Transparenz der gesamten Produktion bis zum Ladentisch vermittelt auch den Kunden Sicherheit. Am Ende steht zeitlose handgefertigte Mode für Damen und Herren. Angenehme Stoffe, schöne Farben und Muster schmeicheln ihren Trägern. Stoffverschnitt wird vermieden, was bereits bei den Modeentwürfen berücksichtigt wird. Kleine Änderungen an der Kleidung gehören ebenfalls zum Service. Die Schmuckkollektionen werden in Deutschland entworfen und von einer traditionellen indischen Kunsthandwerkerfamilie in Handarbeit hergestellt.

Jyoti bietet auch handgemachte Spezialanfertigungen an – einfach nachfragen!

Die Anfahrt erfolgt am besten mit der U-Bahn-Linie 8 über den Bahnhof Leinestraße.

Ƅ9

Isla Coffee Berlin
Coffeeshop Neukölln
Hermannstraße 37
12049 Berlin

Coffeeshop Mitte
Rosa-Luxemburg-
Straße 23
10178 Berlin

LECKERER BIO-KAFFEE OHNE MÜLL
Zero-Waste-Café *Isla Coffee*

Wenn bester Geschmack, hochwertige Bio-Zutaten und ein grünes Gesamtkonzept gastronomisch zusammentreffen, handelt es sich um Berlins erstes Zero-Waste-Café: *Isla Coffee*.

Dem Gründer Peter Duran war es eine Herzensangelegenheit, einen Ort zu schaffen, an dem Nachhaltigkeit nicht nur ein Schlagwort ist, sondern durch und durch gelebt wird. Mit seinem Café mitten auf der Hermannstraße ist ihm dieses Vorhaben gelungen. Hier wird auf beste Lebensmittel gesetzt, kein Plastik verwendet, so gut wie nichts weggeschmissen und somit ein nachhaltiges Exempel in der Berliner Gastroszene statuiert.

Die verwendeten Zutaten stammen, wenn realisierbar, von regional ansässigen Partnern und sind bio-zertifiziert. Der durch das Brühen kiloweise anfallende Kaffeesatz wird an ein Start-up geliefert, das daraus Kaffeetassen herstellt, welche im Laden wieder zum Einsatz kommen. Milchreste, die nicht mal der versierteste Barista vermeiden kann, werden gesammelt, um daraus Käse und andere Milcherzeugnisse zu kochen – Müllvermeidung, wo möglich. Das spart zugleich Geld und regt außerdem zum Nachdenken an.

Dass die im *Isla Coffee* angebotenen Produkte obendrein richtig gut schmecken, ist kein Zufall. Der Gründer hat zuvor bereits selbst als Barista im beliebten *Kaffee 9* in der Markthalle in Kreuzberg gearbeitet, wo er nicht nur sein Wissen um Kaffee erlangt, sondern auch seinen heutigen Geschäftspartner kennengelernt hat. Neben Frischgebrühtem bekommen Hungrige bei *Isla Coffee* Sandwiches, Croissants, Pancakes und weitere Leckereien. Das Gesamtkonzept überzeugt und ist darüber hinaus erfolgreich. Im Dezember 2018 wurde in Berlin-Mitte ein zweiter Coffeeshop eröffnet, der zusammen mit der dänischen Möbel-Marke *Reform* entstanden ist.

Am Wochenende wird ein fantastischer Brunch angeboten. Ein 0815-Frühstück sucht man zum Glück vergebens.

Erreichbar ist das wohl nachhaltigste Café Berlins bequem mit der U-Bahn-Linie 8 bis zur Haltestelle Boddinstraße.

60

Jaja Weinbar
Weichselstraße 7
12043 Berlin
030 52666911
www.jajawein.de

NATURWEINE ZU FRANZÖSISCHER KÜCHE
Weinbar Jaja

Die Weichselstraße liegt im hippen Teil Neuköllns, in dem an nahezu jeder Ecke innovative und außergewöhnliche Projekte entstehen. Wer in dieser Gegend unterwegs ist, sollte dem *Jaja* unbedingt einen Besuch abstatten, einer Naturwein-Bar mit feiner französischer Küche.

Die Betreiber, Julia Giese und Etienne Dodet, bringen viel Leidenschaft für ihre Rebsäfte mit. Sie werden biologisch angebaut, vegan, ohne Filterung und Zusatzstoffe hergestellt. Alle Naturweine stammen von kleineren Gütern, auf denen auch noch alte Traubensorten gedeihen. Die Winzer sind bekannt und wertgeschätzt. Anbau und Herstellung solch naturbelassener Tropfen benötigen mehr Zeit und Aufwand als die der industriellen Massenware. Preislich sind die edlen Getränke daher – verdientermaßen – etwas höher angesiedelt.

Kenner kommen bei *Jaja* auf ihre Kosten, und Laien werden überrascht sein, wie herrlich ein Glas Wein munden kann. Geschmack und Bekömmlichkeit sind einfach großartig. Fällt die Entscheidung schwer, darf sich der Gast auf die Empfehlung im Restaurant verlassen. Kompetenz und Liebe zu diesem Naturprodukt sind verlässliche Ratgeber.

Zu den köstlichen Weinen werden feine Gerichte gereicht, die probiert werden sollten. Hochwertige regionale und saisonale Lebensmittel werden lecker und fantasievoll auf den Tellern angerichtet. Es empfiehlt sich, mehrere kleine Speisen zu bestellen, um ein facettenreiches Geschmackserlebnis zu erhalten.

Das *Jaja* kommt ohne Schnickschnack aus. Backsteinwände, Holztische, dezente Beleuchtung und Regale voller Wein machen die Bar zu einem gemütlichen Ort, der schon viele Besucher erobert und zu Stammkunden gemacht hat. Die nette, ungezwungene Bedienung tut ein Übriges.

Gerne dürfen die Gäste eine gute Flasche für den Genuss in den eigenen vier Wänden käuflich erwerben.

Die Anfahrt erfolgt mit den U-Bahn-Linien 7 und 8 über die Haltestellen Rathaus Neukölln oder Hermannplatz.

61

Café Dots
Weserstraße 191
12045 Berlin
030 62725131
www.ilovedots.de

FRISCH UND ORGANISCH
Café-Bistro Dots

Der Reuterkiez in Neukölln hat sich zu einem beliebten Viertel mit unzähligen Cafés, Bars und Restaurants gemausert. Das Café *Dots* mit seinem frischen fairen und organischen Angebot erfreut sich bei Berlinern und Touristen gleichermaßen großer Beliebtheit.

Eine klare Einrichtung ergibt in Kombination mit Holztischen, stilvollen Bildern und Pflanzen ein gemütliches und modernes Ambiente. In den Sommermonaten stehen im Außenbereich Stühle und Tische für die Gäste bereit. Eine Markise schützt vor Sonnenstrahlen.

Auf der Karte stehen kalte und warme Speisen, auch vegetarische, vegane und sogar glutenfreie. Den größten Teil der Lebensmittel bezieht das Café vom Bio-Großhandel – regional, saisonal und fair gehandelt! Tierische Produkte stammen aus artgerechter Haltung, und die Ökobilanz der Waren ist durch Lieferungen aus dem Umland sehr gut. Der Fair-Trade-Kaffee wird aus einer Hamburger Rösterei geliefert, das Qualitätsbrot beim Bäcker um die Ecke gebacken. Diese hochwertigen Zutaten werden in der *Dots*-Küche zu delikaten Frühstücks- und Lunch-Variationen verarbeitet. Genauso lecker ist der frisch gebackene Kuchen.

Die umfangreiche Auswahl an Tee- und Kaffeespezialitäten kann mit Bio-Milch oder deren Alternativen Soja- und Hafermilch genossen werden. Frisch gepresste Säfte, fruchtige oder beerige Schorlen, Wasser und Bio-Limonaden sind gute und gesunde Durstlöscher. Catering-Service ist für Kuchen und kalte Buffets möglich. Einfach per E-Mail oder vor Ort nachfragen!

Das *Dots* bietet Gutscheine an, die auf Wunsch auch versandt werden. Diese Geschenkidee schmeckt garantiert jedem.

Mit den Buslinien M41, M29, 171 und 194 lässt sich das Café am besten erreichen. An der Haltestelle Sonnenallee/Pannierstraße aussteigen.

62

Sirplus
Rettermarkt Neukölln
Karl-Marx-Straße 108
12043 Berlin
www.sirplus.de

Rettermarkt
Berlin-Steglitz
Schloßstraße 94
12163 Berlin

LEBENSMITTEL VOR DER TONNE BEWAHREN
Rettermarkt Sirplus

Jedes Jahr landen fast 18 Millionen Tonnen Lebensmittel im Müll – und das allein in Deutschland. Ein unhaltbarer Zustand, wie der Aktivist Raphael Fellmer bereits vor Jahren lautstark betonte. Bekannt wurde der Berliner unter anderem durch seinen »Geldstreik«, bei dem er von 2010 bis 2015 ohne Zahlungsmittel lebte, um ein Bewusstsein für Überfluss und Konsum zu schaffen. Um der Thematik eine noch größere Bühne zu bieten und weitere Tonnen Essen vor der Verschwendung zu bewahren, gründete er im Jahr 2017 *Sirplus*.

Das Unternehmen umfasst einen Onlineshop sowie stationäre Geschäfte – sogenannte Rettermärkte –, die Lebensmittel zurück in den Kreislauf führen möchten. Dies können überschüssige Waren sein, Produkte, die nicht der Norm entsprechen, oder Artikel, deren Mindesthaltbarkeitsdatum bereits verstrichen ist beziehungsweise unmittelbar vor dem Ablauf steht, die aber nach wie vor vollkommen genießbar sind. Denn die Frist bedeutet nicht automatisch, dass Nudeln, Müsli, Gewürze, Snacks oder Getränke verdorben sind. All die einwandfreie, aber nicht vom gängigen Markt erwünschte Ware landet in den Berliner *Sirplus*-Rettermärkten und im Onlineshop statt im Mülleimer. In den Filialen gehören sogar Obst und Gemüse sowie Milchprodukte zum Angebot. Neben Nahrungsmitteln sind darüber hinaus Drogerieartikel erhältlich. In Ergänzung zum Neuköllner Rettermarkt befinden sich zwei weitere Filialen in Friedrichshain sowie ein Standort in Steglitz.

Sirplus muss für sein Sortiment nur einen Obolus bezahlen und kann die Waren somit Endkunden zu extrem guten Konditionen verkaufen. Neben der Müllvermeidung soll ein Bewusstsein bei Kunden entstehen, mit Ressourcen wieder achtsamer umzugehen.

Angeboten werden auch Retterboxen und Abos, die einen regelmäßig mit diversen Leckereien versorgen. Vegane Optionen und Bio-Lebensmittel stehen beispielsweise zur Auswahl.

Der Neuköllner Rettermarkt liegt zwischen den U-Bahn-Stationen Rathaus Neukölln und Karl-Marx-Straße.

Pêle-Mêle
Innstraße 26
12043 Berlin
030 36467523
www.pele-mele-berlin.de

# FÜR VEGANER UND KULTURFREUNDE
Café Pêle-Mêle

Neukölln befindet sich im Wandel. Mit der Veränderung der Bevölkerungsstruktur sind neue Freizeitangebote, Restaurants und Geschäfte entstanden. In der Innstraße, nahe der Sonnenallee, stößt man auf das Café *Pêle-Mêle*. Alle verarbeiteten Lebensmittel sind bio, vegan und werden weitgehend aus der Region bezogen.

Der Gastraum ist klein, aber fein. Große Fenster lassen viel Tageslicht ein und in der wärmeren Jahreszeit locken Sitzgelegenheiten ins Freie. Der abgeschliffene Dielenboden und die passenden Holzmöbel vermitteln unmittelbar den Eindruck von Wärme und Gemütlichkeit. Eine Dekoration mit schönen Dingen komplettiert das Wohlfühlambiente. Zu dem tragen auch die freundlichen Mitarbeiter bei.

Das Café bietet vielfältige Frühstücksvariationen mit hausgemachten Aufstrichen, Brötchen, Bagels und Müsli. Obst, Gemüse und Salate werden in großer Auswahl angeboten. Ein wechselnder Mittagstisch, selbst gebackene Kuchen und leckere Desserts stehen ebenfalls auf der Karte. Ob süß oder herzhaft – für jeden ist das Richtige dabei. Sämtliche Gerichte werden appetitlich angerichtet – ein Augenschmaus. Frische und Qualität sorgen darüber hinaus für besten Geschmack. Der Sonntagsbrunch lässt keine Wünsche offen: Hausgemachte kalte und warme Speisen füllen das üppige Buffet. Bei gutem Essen lassen sich gesellige Stunden mit Freunden oder der Familie verbringen.

Das *Pêle-Mêle* besticht aber nicht nur mit gutem Essen. Regelmäßig finden kulturelle Veranstaltungen wie Lesungen, Ausstellungen und Musikabende statt. Ideen der Gäste sind gefragt und werden, wenn möglich, umgesetzt.

Wer einen ruhigen Ort zum Arbeiten sucht, ist ebenfalls an der richtigen Adresse. Im separaten, gut ausgestatteten Coworking-Space stehen mehrere Plätze zur Verfügung. So lässt sich Arbeit mit Genuss verbinden. Auch ein Catering für alle Anlässe ist möglich.

Das Café ist mit der U-Bahn-Linie 7 über den Bahnhof Karl-Marx-Straße zu erreichen.

64

Körnerpark
Schierker Straße 8
12051 Berlin

Museum für Vor- und Frühgeschichte
Neues Museum
Bodestraße 1–3
10178 Berlin
030 266424242

VON DER KIESGRUBE ZUM FREIZEITAREAL
Körnerpark

Die Berliner lieben ihre grüne Heimat und nutzen Gartenanlagen und Wälder bei jeder Gelegenheit für Freizeitaktivitäten. Mitten in Neukölln strömen die Menschen in den zentralen Körnerpark.

Die ehemalige Kiesgrube gehörte Franz Körner, der sie vor mehr als 100 Jahren der Stadt übereignete, als Neukölln noch Rixdorf hieß. Die angelegte Grünfläche trägt seit dieser Zeit seinen Namen. Sie liegt einige Meter unter dem Niveau ihrer Umgebung und ist von Stützmauern umrahmt. Als 1912 die Umgestaltung des Areals begann, fand man bei den Arbeiten ein Reitergrab mit Beigaben aus Zeiten der Völkerwanderung. Dieser besondere archäologische Fund kann heute im Museum für Vor- und Frühgeschichte bestaunt werden.

Während des Zweiten Weltkrieges wurde der Park nur leicht beschädigt. Danach lag er in der Einflugschneise des Flughafens Tempelhof bis zu dessen Stilllegung. In den 70er-Jahren des letzten Jahrhunderts begann die Rekonstruktion der Anlagen. Heute steht die grüne Oase unter Denkmalschutz und ist bekannt für ihren gepflegten Zustand.

Schlossparkähnliche Wege inmitten von Wiesen, Blumenbeeten, Hecken und Kaskaden machen den Spaziergang zum Erlebnis. Das pulsierende Stadtleben scheint weit weg, Ruhe erfüllt die Gemüter. Die ehemalige Orangerie mit Terrasse beheimatet heute eine Galerie und das *Zitronencafé*. Es bietet Frühstück, einen wechselnden Mittagstisch, Kaffee und Kuchen. Zitrusfrüchten wird bei Speisen und Getränken eine besondere Bedeutung beigemessen. Vegetarische sowie vegane Gerichte sind in großer Auswahl verfügbar.

Die Galerie, mit herrlichem Ausblick, zeigt ihren Besuchern stetig wechselnde Ausstellungen renommierter zeitgenössischer Künstler. Der Eintritt ist frei.

Nehmen Sie die U-Bahn-Linie 7 oder 8 bis zum Bahnhof Berlin-Neukölln/Hermannstraße.

ENTSORGUNG MIT NACHHALTIGKEITSKODEX
BSR-Recyclinghof Britz

Zu einem nachhaltigen, ökologischen Lebensstil gehört die Müllvermeidung. Trotzdem sind wir nicht frei von Abfall. Den im Alltag anfallenden Unrat entfernen wir über die bereitgestellten Tonnen für Glas, Papier, Wertstoffe, Rest- und Biomüll. Was aber, wenn wir kaputte Elektrogeräte, Sperrmüll, Bauschutt, Farb- und Ölreste entsorgen müssen?

Berlin besitzt ein ausgeklügeltes Entsorgungssystem, das in der Verantwortung der Berliner Stadtreinigung (BSR) liegt. Die BSR erfüllt als erstes öffentliches Unternehmen den Deutschen Nachhaltigkeitskodex und bietet Transparenz unter anderem bei kostenlosen Führungen durch das Müllheizkraftwerk in Ruhleben und über die diversen Recyclinghöfe. Alle Standorte können von den Bürgern für die Entsorgung durchschnittlicher Mengen kostenlos genutzt werden. Ein großer Hof befindet sich zentral in Britz, im dicht besiedelten Neukölln. Er verfügt sogar über eine Schadstoffsammelstelle. Im besten Fall bringt man den Abfall vorbei. Wenn es doch größere Mengen sein sollten, kann ein Transporter gemietet werden. Um diesen bestmöglich auszulasten, bietet es sich an, Nachbarn, Familie und Freunde zu fragen, ob man für sie etwas mit entsorgen kann. Auf diese Weise ist allen geholfen, die Kosten werden geteilt und es wird nur ein Auto bewegt. Wer das nicht möchte oder kann, löst das Problem mit einer Auftragserteilung an die BSR.

Selbst bei höherem Aufkommen auf dem Britzer Recyclinghof sind die Wartezeiten nicht zu lang und die Mitarbeiter entgegenkommend. Auf Anfrage werden Gruppen zwischen fünf und 20 Teilnehmern über die Sammelstelle geführt. Während des Rundgangs können sich Interessierte vor Ort überzeugen, wie die Berliner Abfälle umweltfreundlich beseitigt und Wertstoffe in Nutzungskreisläufe zurückgeschleust werden.

Gegen Gebühren werden auch Haushaltsauflösungen und die Demontage von großen Möbelstücken angeboten, die ebenfalls fach- und umweltgerecht entsorgt werden.

Die nächst gelegene Haltestelle heißt Britzer Damm/Gradestraße, an der die Buslinien M44 und 170 halten. Die restliche Strecke kann in rund zehn Minuten zu Fuß zurückgelegt werden.

66

Britzer Garten
Eingang: Sangerhauser Weg 1
12349 Berlin

Britzer Mühle
Buckower Damm 130
12349 Berlin

EIN BLUMENMEER MUSS HER
Britzer Garten und Mühle

Der Britzer Garten gehört deutschlandweit zu den schönsten Anlagen seiner Art. Im Jahr 1985 fand auf dem Areal die Bundesgartenschau statt. Seitdem wird das Gelände als Naherholungsgebiet genutzt und große Gartenkunst präsentiert.

Blühende Zeiten beginnen mit der populären Tulpenschau im Frühling. Die Menschen lieben den Anblick frischer Farben nach den langen Wintermonaten. Saisonbedingt folgen Rosen und Dahlien. Zentral angelegt ist eine Seenlandschaft, umgeben von Hügeln. Quellen und Bäche durchziehen das Gelände mit Wiesen und Wald. Idyllisch gestaltete Wege, kleine Brücken und Stege laden zu ausgiebigen Spaziergängen ein. Alternativ bietet sich die Britzer Parkbahn zu einer gemütlichen Rundfahrt an. Themengärten faszinieren Besucher, und auch die größte Sonnenuhr Europas lockt Groß und Klein an.

Kinder freuen sich über zahlreiche Möglichkeiten zum Toben und Entdecken. Ein Lehmdorf mit selbstgebauten Hütten, ein Wasserspielplatz, Modellboothafen, zahlreiche Spielgeräte und ein Tiergehege ermöglichen die unterschiedlichsten Aktivitäten. In der Ferienzeit werden betreute Programme zu Flora und Fauna organisiert. Ganzjährig finden im Landschaftspark besondere Events statt, die viel Abwechslung für Jung und Alt bieten.

Am Rande des Britzer Gartens befindet sich die historische Britzer Mühle, die Mitte des 19. Jahrhunderts erbaut wurde und heute unter Denkmalschutz steht. Wenn genug Wind um die Flügel weht, wird dort immer noch gemahlen. Führungen geben Aufschluss über ihre Geschichte und Arbeitsweise.

Für den kleinen und großen Hunger kann zwischen zwei Restaurants, Café, Bistro und Milchbar gewählt werden. Kulinarisch wird alles geboten, was die Besucher sich wünschen.

Die Anfahrt ist mit dem Bus M44 bis Britzer Garten möglich.

67

Volkspark Wuhlheide
An der Wuhlheide
12459 Berlin

Sommerbad Wuhlheide
Treskowallee 211
12459 Berlin
030 5311070
www.berlinerbaeder.de

SPORT, SPIEL, UNTERHALTUNG
Volkspark Wuhlheide

In den 20er-Jahren des 20. Jahrhunderts entstand der Volks- und Waldpark Wuhlheide – eine gelungene Mischung aus Grünanlage und Wald mit Wiesen, Spiel- und Sportstätten sowie einem Licht- und Luftbad, die den Bedürfnissen nach Ruhe und aktiver Erholung Rechnung trägt.

Während des Zweiten Weltkrieges wurden auf dem Areal ein Bunker und ein Arbeitslager errichtet und große Teile des Parks zerstört. Nach 1945 befand sich auf dem Gelände ein sowjetisches Militärlager. Die Grünfläche verwilderte zusehends. In den 90er-Jahren des letzten Jahrhunderts wurde die schrittweise Rekonstruktion der Anlage beschlossen.

Heute lädt der große Volkspark mit seinem teilweise sehr alten Baumbestand zu herrlichen Spaziergängen ein. Auch eine Fahrradtour bietet Spaß und Bewegung für die gesamte Familie. Besucher, die Lust auf traditionelle Zugfahrten haben, können direkt neben dem Haupteingang in die Parkeisenbahn einsteigen. Sie gehört zum Freizeit- und Erholungszentrum auf dem Gelände (FEZ). Wer mit Kindern im Volkspark unterwegs ist, kommt an der Unterhaltungsstätte nicht vorbei.

In der warmen Jahreszeit ist das *Sommerbad Wuhlheide* mit seinen weiten Liegewiesen und Rutschen Anziehungspunkt für Gäste aller Altersgruppen. Der Modellpark in der Wuhlheide versetzt wiederum seine Besucher in Erstaunen. Gezeigt werden originalgetreue Modelle bekannter Berliner und Brandenburger Sehenswürdigkeiten. Die Ausstellung wird ständig erweitert. Zusätzlich lohnt sich ein Blick in den Veranstaltungsteil einer Zeitung. Denn im Volkspark befindet sich auch die Parkbühne Wuhlheide, auf der in den Sommermonaten Konzerte mit bis zu 20.000 Besuchern stattfinden.

Verpflegen können sich Besucher an einer Imbissbude oder mit Variationen an der Quarkbar, die ohne Farb- und Konservierungsstoffe arbeitet. Ein Event-Restaurant und reichlich Gastronomie warten zudem im nahen Freizeit- und Erholungszentrum (FEZ).

Nehmen Sie die S-Bahn bis zum Bahnhof Wuhlheide. Nach einem kurzen Fußmarsch erreichen Sie den Volkspark.

Oberschöneweide

SPASS IM GRÜNEN KLASSENZIMMER
Freizeit- und Erholungszentrum FEZ mit Öko-Insel

In Oberschöneweide, einem Ortsteil von Treptow-Köpenick, liegt das Freizeit- und Erholungszentrum (FEZ) auf dem Gelände Wuhlheide. Es verfügt über eine Fläche von über 100.000 Quadratmetern im Außenbereich und über 13.000 Quadratmetern im Inneren und bietet somit eine riesige Erlebniswelt mitten im Wald! Entsprechend vielfältig sind die Möglichkeiten für Kinder und Jugendliche.

Zum bunten FEZ-Angebot gehört die gefragte Öko-Insel, ein »grünes Klassenzimmer«, in dem Themen zu Natur und Umwelt anschaulich vermittelt werden. Sie umfasst einen Miniregenwald, Tiere und Pflanzen im Öko-Garten mit Gartenhaus, Schaubeete und einen Bienenhof. Der Lern- und Erfahrungsort bringt Groß und Klein den Zusammenhang des menschlichen Lebens mit der Natur nahe. Projekte, Workshops, regelmäßige und wechselnde Aktivitäten wie ein Pflanzenbasar, Naturspiele oder naturnahes Gärtnern steigern das Umweltbewusstsein und legen die Grundlage für eine nachhaltige Lebensweise.

Anfang des 20. Jahrhunderts entstand der Waldpark Wuhlheide, 1979 wurde in der damaligen DDR der Pionierpalast auf dem Areal errichtet und ein Brunnen eingeweiht. Nach dem Mauerfall erfolgte die Umbenennung in FEZ – einhergehend mit einer Neukonzeptionierung. Seit ihrer Entstehung ist die Freizeiteinrichtung beliebt. Sie ermöglicht Spiel, Sport, Spaß, Bildung und Erholung. Auf dem Gelände locken neben der Öko-Insel das große Raumfahrtzentrum, die Astrid-Lindgren-Bühne, ein Kindermuseum, wechselnde Ausstellungen, Bastelwerkstätten, Kino und Spielplätze. Schlechtes Wetter stört an diesem Ort niemanden. An den Wochenenden werden Events für die gesamte Familie arrangiert, in der schulfreien Zeit spezielle Ferienprogramme. Während der Adventszeit findet an den Wochenenden ein Kinderweihnachtsmarkt mit Bastel- und Backangeboten statt.

Für das leibliche Wohl sorgen ein Bistro, ein Café und das Dachrestaurant in der vierten Etage.

Am besten steigen Sie in die S-Bahn bis zum Bahnhof Wuhlheide und gehen im Anschluss den kurzen Weg zu Fuß.

69

Müggelberge
Straße zum Müggelturm
12559 Berlin

BERLINS NATÜRLICHE SUPERLATIVE
Müggelberge und Seen

Wanderfans, Naturfreunde und Liebhaber einer kleinen Auszeit sollten sich einen Ausflug zum Kleinen und Großen Müggelberg gönnen. Letzterer stellt mit seinen knapp 115 Metern die höchste natürliche Erhebung Berlins dar.

Entstanden ist der Hügelzug während der Eiszeit. Er lädt vor allem zur Sommerzeit zum Erklimmen ein. Der Kleine Müggelberg misst fast 90 Meter und beherbergt den Müggelturm. Mit seinen neun Etagen und einer Aussichtsplattform bietet er einen Panoramablick über die Stadt und das Umland. Auf dem Großen Müggelberg war die Errichtung eines Fernsehturms in den 1950er-Jahren geplant. Erst nach Baubeginn fiel auf, dass er eine Behinderung für den Flugverkehr in Schönefeld bedeuten würde, weshalb das Projekt wieder eingestampft wurde. Bis zum Fall der Mauer benutzte die Stasi die verbliebene Bauruine für ihre Zwecke. Heute dient er der Deutschen Telekom als Antennenträger.

Sämtliche Rad- und Wanderwege sind gut ausgeschildert. Romantisch liegen verschlungene Pfade inmitten alter Baumbestände. Ruhe und gute Luft sorgen für beste Erholung. In der richtigen Jahreszeit werden Pilzsammler fündig. Lagerfeuerplätze sind der öffentlichen Nutzung zugänglich. Zwischen den beiden Hügeln befindet sich eine alte Rodelbahn, auf der heutzutage Mountainbiker trainieren.

Umrahmt werden die Erhebungen von herrlichen Seen. Der Teufelssee liegt am Fuße des kleinen Müggelberges. 111 Stufen führen von dort direkt nach oben. Wer nicht so hoch hinaus möchte, macht einen Spaziergang um das Gewässer. Es ist umgeben von einem Naturlehrpfad, der Aufschluss über Flora und Fauna des Areals gibt. Das alte Hochmoor entstand ebenfalls während der Eiszeit und kann durch schön angelegte Stege erkundet werden.

Rund um die Müggelberge existieren viele gastronomische Einrichtungen mit Nähe zum Wasser. Hungrige Wanderer können nach Lust und Laune aus einem breiten Angebot wählen.

Die Anfahrt erfolgt mit der S-Bahn über Köpenick und anschließender Verbindung mit der Buslinie X69 bis Rübezahl oder Müggelheim/Dorf.

70

**Neu-Venedig
Restaurant**
Finkenweg 348
12589 Berlin
www.neu-venedig.de

**Bootsverleih & Spreefloß
Hessenwinkel**
Triglawstraße 20
12589 Berlin
0173 1043917
www.bootsverleih-
hessenwinkel.de

NATUR UND MENSCH IM EINKLANG
Neu-Venedig

In Rahnsdorf, einem Teil von Köpenick, liegt Neu-Venedig. Auch wenn in der Siedlung keine Gondeln fahren, erinnern fünf Kanäle und 13 Brücken an die große Namensgeberin. Rundum lockt viel Grün zu einem Kurzurlaub in der Stadt.

Ende des 19. Jahrhunderts begann die Historie von Neu-Venedig. Die Stadt Köpenick erstand das Rittergut Rahnsdorf zusammen mit Gut Hessenwinkel samt den umliegenden Sumpfwiesen. Im 20. Jahrhundert begann die Gemeinde künstliche Kanäle zur Entwässerung anzulegen, wodurch Wassergrundstücke entstanden. Nach dem Mauerbau wurden die Parzellen an Parteifunktionäre der DDR verpachtet, später erfolgte die Rückgabe an die Eigentümer.

Während Neu-Venedig heutzutage am Rand schon mit teilweise dominanten Villen bebaut ist, gilt im Herzen des Quartiers kein Dauerwohnrecht. Aus den ehemaligen Sumpfwiesen ist ein Naherholungsgebiet geworden: Die Häuser sind von überschaubarer Größe und fügen sich in die Natur ein. Sie liegen idyllisch am Wasser, umrahmt von herrlichen Trauerweiden und Dickicht. Enten und Schwäne bevölkern die Gewässer. Natur und menschliche Besiedelung scheinen an diesem Ort noch im Einklang.

Man kann die Gegend hervorragend zu Fuß oder mit dem Fahrrad erkunden, das wahre Vergnügen bereitet aber eine Bootstour. Beim ansässigen Bootsverleih kann ein Kanu gemietet werden. Geführte Touren sind ebenfalls möglich. Der fantastische Ausblick aufs Wasser, auf Wiesen, Bäume und die Häuser am Ufer sind Balsam für die Seele. Im Winter, bei zugefrorenen Kanälen, treffen sich Schlittschuhläufer auf den malerischen Wasserstraßen.

Das gleichnamige bodenständige Restaurant bietet gutbürgerliche Küche im gemütlichen Ambiente, einen direkten Zugang zum Wasser und einen großen Sommergarten mit italienischem Flair. Wer also einen Hauch Venedig spüren möchte, sollte diesen Ort unbedingt besuchen.

Nehmen Sie am besten die S-Bahn bis zur Haltestelle Rahnsdorf und im Anschluss die Buslinie 161 bis Fürstenwalder Allee/Schule.

71

**Weißer See
Strandbad Weißensee**
Berliner Allee 155
13088 Berlin
www.strandbadweissen-see.de

Milchhäuschen
Parkstraße 33a
13086 Berlin
030 9271144
www.milchhaeuschen-berlin.com

FEINSTE WASSERQUALITÄT
Weißer See mit Strandbad

Der Weiße See im gleichnamigen Ortsteil von Pankow ist ein beliebtes Naherholungsgebiet. Als Gegenentwurf zu gechlorten und beheizten Freibädern bietet er über den ganzen Sommer sauberes Wasser für natürlichen Badespaß. Doch auch Sportfreunde und Kulturinteressierte kommen auf ihre Kosten.

Entstanden ist das Binnengewässer nach der Eiszeit. Seine mittig liegende Fontäne sprudelt seit über 50 Jahren. Den See, der von einem Park aus dem 19. Jahrhundert umgeben ist, lieben nicht nur Baderatten, sondern auch Spaziergänger. Für ein gemütliches Picknick spenden Plätze unter den alten Bäumen Schatten. Der kleine Rosengarten mit seiner blumigen Sonnenuhr ist absolut sehenswert. Ein Bootsverleih ermöglicht aktive Entspannung auf dem Wasser. Kinder freuen sich über ein Tiergehege und einen Spielplatz. Tradition haben die Veranstaltungen auf der Freilichtbühne: Konzerte, Theateraufführungen und Filme sind im Sommer gut besucht. Das Café *Milchhäuschen* verdankt seinen Namen einer ursprünglich ansässigen Milchverkaufsstelle vor über 100 Jahren. In den 1970er-Jahren wurde wegen der instabilen Bauweise ein neues Gebäude errichtet. Heute wartet das Lokal mit Kaffee, Kuchen und qualitativ hochwertigen Speisen auf seine Gäste. Im Sommer sitzt man auf der Terrasse mit herrlichem Blick auf den See.

In der warmen Jahreszeit ist das *Strandbad Weißensee* der größte Publikumsmagnet. Mit seiner ausgezeichneten Wasserqualität, dem angelegten Sandstrand, einem Nichtschwimmerbereich und einem Spielplatz mit Klettergerüst bietet das Bad jede Menge Spaß für Groß und Klein. Palmen und Liegestühle versetzen die Gäste ohne anstrengende Flugreise in die Karibik. Dazu werden in der Strandbar alkoholische und nichtalkoholische Cocktails, weitere Getränke und Snacks gereicht. Das Sport- und Wellnessprogramm des Strandbades verstärkt den Erholungseffekt.

Der See lässt sich problemlos zu Fuß umrunden und ist für viele Eltern und Hundebesitzer liebster Spazierweg in Weißensee.

Fahren Sie mit der Tram M13 oder M4 bis zur Station Weißer See.

72

Naturhof Malchow
Dorfstraße 35
13051 Berlin
030 92799830
www.naturschutzstation-malchow.de

Naturschutzzentrum Schleipfuhl
Hermsdorfer Straße 11a
12627 Berlin
030 9989184

UMWELTBILDUNG FÜR ENTDECKER
Naturhof Malchow

Der Natur ein Stück näher kommen – das wünschen sich vor allem Menschen, die in der Großstadt leben. Dabei ist es gar nicht nötig, in die Ferne zu schweifen. Am nordwestlichen Rand von Hohenschönhausen, in Malchow, liegt ein historisch sanierter Naturhof, der vom *Naturschutzverein Berlin-Malchow* bewirtschaftet wird.

Auf dem Areal findet man Streuobstwiesen mit zahlreichen alten Sorten, die obendrein alle über Bio-Qualität verfügen. Mit der Umwelt kann man sich auf vielfältige Weise auseinandersetzen: Baumpatenschaften übernehmen, schottische Hochlandrinder versorgen oder Landschaftspflege betreiben. Man kann ebenfalls nistende Weißstörche beobachten und dem Geräusch der Teichfrösche lauschen. Artenschutz ist ein großes Thema. Besucher staunen über die Fülle an wild gewachsenen Kräutern und Insekten auf den Wiesen. Interessante Bildungsangebote, die zum Mitmachen einladen, werden gerne angenommen. So können vor allem Kinder Wissenswertes über biologische Landwirtschaft, gesunde Lebensmittel sowie deren Aufbewahrung, Haltbarkeit und Zubereitung lernen.

Der Hofladen bietet darüber hinaus eine bunte Auswahl regionaler Produkte, die aus der unmittelbaren Nähe kommen und absolut frisch sind. Langsam gereiftes Fleisch von Weiderindern wird in bester Qualität verkauft ebenso wie der Apfelsaft der hauseigenen Streuobstwiesen. Speisen kann man im hübschen *Storchen Café*, auf dessen Karte regionale Gerichte der Saison sowie Kaffee und Kuchen stehen. Live-Bilder aus dem Storchennest auf dem Anwesen werden per Kamera ins Café übertragen. In der kalten Jahreszeit ist ein Besuch des kleinen Weihnachtsmarktes empfehlenswert: backen, basteln und Kerzen drehen in idyllischer Umgebung.

Wer sich für weitere Projekte des *Naturschutzvereins Malchow* interessiert, kann einen Abstecher zum Naturschutzzentrum Schleipfuhl unternehmen. Auch hier erlebt man Natur mit allen Sinnen.

Die Anfahrt zum Naturhof erfolgt mit der Buslinie 259 bis zur Haltestelle Malchow/Dorfstraße.

73

Schlosspark Schönhausen
Tschaikowskistraße 1
13156 Berlin
www.spsg.de

RUHIG DURCHATMEN
Schlosspark Schönhausen

Berlin ist eine grüne Stadt, und wir Bewohner lieben nicht nur die aktive und passive Erholung in der Natur, sondern auch die Möglichkeit, dem hektischen Trubel für eine gewisse Zeit zu entfliehen. Der Schlosspark Schönhausen in Pankow erfreut sich aber nicht allein bei Anwohnern großen Zuspruchs. Längst strömen Leute aus anderen Bezirken in die grüne Oase, und unter Touristen hat sich der Erholungsort ebenfalls herumgesprochen.

Die Panke fließt durch den Park und mündet später in die Spree. Wenn man beim Umherschlendern das ruhige Plätschern des Wassers vernimmt, lösen sich Anspannung und Stress schnell in Wohlgefallen auf. Herrliche Spazierwege, ein alter Baumbestand und üppige Grünflächen eignen sich bestens für einen Ausflug mit der gesamten Familie. Der Rosengarten mit einer Pergoline und Bänken eignet sich ideal für schöne Momente zu zweit oder für die Lektüre eines guten Buchs. Ein Springbrunnen im Park macht die Idylle perfekt.

Im 17. Jahrhundert begann schon Gräfin Dohna mit der Gestaltung des Gartens. Unter Königin Elisabeth Christine gelangte er zur barocken Blüte. Im 19. Jahrhundert erfolgte mit der Erweiterung eine Neugestaltung als Landschaftspark. Bis heute sind jedoch glücklicherweise die barocken Abschnitte erhalten und als solche erkennbar. Weitläufige Wiesen bieten sich heute für ein Picknick an. Ein Spielplatz verschafft Kindern Abwechslung auf dem längeren Spaziergang. Für eine Pause zwischendurch können Besucher in das Café *Sommerlust* für hausgemachte Speisen in regionaler Bio-Qualität einkehren. Auch außerhalb des Parks locken Cafés und Restaurants in der Nähe.

Das Schloss Schönhausen liegt im ummauerten Teil des Parks und sollte nicht unbeachtet bleiben, vereint es doch die größten historischen Meilensteine unter einem Dach. Mit Beginn des Frühjahrs wird zudem die Schlossterrasse mit den farbenprächtigen Blüten zu einem echten Augenschmaus.

Fahren Sie mit der Buslinie 150 bis zum Ossietzkyplatz, der 255 bis Pankow Kirche oder der U- und S- Bahn bis Pankow.

74

Kinderbauernhof Pinke-Panke
Am Bürgerpark 15–18
13156 Berlin
030 47552593
www.kinderbauernhof-pinke-panke.de

ABENTEUERSPIELPLATZ UND TIERLIEBE
Kinderbauernhof Pinke-Panke

Kinder wollen spielen, toben, sind wissbegierig und lieben Tiere. All diese Vorlieben erfüllt der Lernbauernhof *Pinke-Panke*. Er existiert seit Anfang der 1990er-Jahre und liegt auf historischem Grund: dem ehemaligen Mauerstreifen.

Die pädagogisch betreuten Aktivitäten sind vorrangig auf Schulkinder ausgerichtet, aber auch für die Jüngsten sowie Erwachsene wird Unterhaltung geboten. Ein Hüttenbauplatz mit Werkzeug lässt fantasievolle kleine Bauwerke entstehen. Täglich kann der Nachwuchs unter Anleitung Tiere füttern und die anfallenden landwirtschaftlichen Arbeitsabläufe begleiten. Im Anschluss gibt es eine kleine Stärkung.

Der Umgang mit den Tieren macht nicht nur Spaß, er stärkt darüber hinaus die Umwelt- sowie Sozialkompetenz. In den Werkstätten werden verschiedene alte Handwerksbereiche vorgestellt, die entsprechende Ausführung unter fachgerechter Anweisung erlernt. Die Kinder üben den geduldigen Umgang mit Stoffen und Materialien und arbeiten dabei durchaus ergebnisoffen. Kreativität und eigene Ideen sind erwünscht. Es wird nicht bewertet, sondern unterstützt und beraten. Am Wochenende kann gemeinsam gekocht und gegessen werden. In den Ferien stehen spezielle Programme mit Übernachtungsmöglichkeiten zur Verfügung. Besonders beliebt sind die Lagerfeuer mit Stockbrot, wodurch ein Gefühl von Abenteuer und Zusammengehörigkeit entsteht. In einem solchen Umfeld schlagen Kinderherzen höher. Spielerisch werden neue Fähigkeiten erworben und der respektvolle Umgang mit Mensch, Tier und Natur geschult.

Die Fachwerkhäuser auf dem Gelände wurden mit natürlichen Materialien, wie Holz und Lehm, in traditioneller Bauweise errichtet. Gearbeitet wird mit erneuerbaren Energien.

Beachten Sie die Öffnungszeiten auf der Website. Der Eintritt ist frei. Im Rahmen von Hoffesten gelangen Kleinode aus den Werkstätten in den Verkauf. Der jährliche Nikolausmarkt ist bei Kindern und Erwachsenen sehr beliebt.

Die Anfahrt ist mit der S1, S25 sowie den Buslinien M27 und 255 bis Wollankstraße möglich.

75

Waldhochseilgarten Jungfernheide
Heckerdamm 260
13627 Berlin
030 34094818
www.waldhochseilgarten-jungfernheide.de
www.sommergarten.berlin

Ein aktiver Tag im Wald
Waldhochseilgarten Jungfernheide

Ein Tag im Wald allein ist für die meisten Familien schon das Allergrößte. Man genießt zusammen die Natur – sehr viel nachhaltiger kann man die Freizeit gar nicht gestalten. Wer zusätzlich mehr Action möchte, sollte einen Ausflug in den Waldhochseilgarten Jungfernheide im Berliner Westen unternehmen. Der Kletterpark bietet die einmalige Möglichkeit, den gleichnamigen Volkspark von oben zu betrachten. Es handelt sich dabei immerhin um den zweitgrößten in Berlin. Doch der Hochseilgarten liegt nicht nur im Grünen, sondern arbeitet darüber hinaus grün.

Quer durch das Blattwerk spannen sich Leinen, Taue, Leitern und kleine Brücken. Je nach Schwierigkeitsgrad und eigener Risikofreude bewegt man sich in Höhen von drei bis 17 Metern. Zur Orientierung werden die Strecken durch Farben unterschieden: Grün für Anfänger, Rot für Fortgeschrittene und Schwarz für Profis. Der Kletterer ist in luftiger Höhe natürlich immer mit Seilen gesichert. Somit werden kleine Fehltritte aufgefangen, und man kann die Aussicht aus den Baumkronen unbeschwert genießen. Zusätzlich stehen entlang der Strecke immer wieder Trainer, die einem Instruktionen und Tipps für den nächsten Abschnitt mit auf den Weg geben. Daher müssen auch vermeintliche Angsthasen nicht unten warten. Nebenan im *Sommergarten am Wasserturm* kann man nach dem kräftezehrenden Parcours bei hausgemachten Spezialitäten neue Energie tanken.

Der Betreiber arbeitet nachhaltig und achtet darauf, dass die heimischen Bäume bestens geschützt werden. Zur Präparierung der Kletterpfade wird ausschließlich wetterfestes Robinienholz aus nachhaltigem Anbau verwendet. Somit ist gesichert, dass die Anlage lange Bestand hat und keine Fremdkörper im Wald landen.

Am besten gleich einen kompletten Tagesausflug planen und den riesigen Park genießen. Ein toller Spielplatz und im Sommer ein großes Freibad laden zum Verweilen ein.

Die Anfahrt erfolgt mit den Buslinien 109, 123, M21 bis zur Station Weltlingerbrücke oder mit den U-Bahn-Linien 7 bis Jakob-Kaiser-Platz beziehungsweise Halemweg.

76

**Schloss und Schloss-
garten Charlottenburg**
Spandauer Damm 10–24
14059 Berlin
www.spsg.de

ÜBER 300 JAHRE ALTE GARTENKUNST
Schlosspark und Schloss Charlottenburg

Wer eine über 300 Jahre alte »grüne« Kunst bewundern und zugleich auf den Spuren von Sophie Charlotte wandeln möchte, der ersten preußischen Königin, sollte den Schlosspark und das Schloss Charlottenburg besuchen.

Der Garten wurde Ende des 17. Jahrhunderts im barocken Stil angelegt, später teilweise in einen Landschaftspark umgewandelt. Ein Springbrunnen beeindruckt heute noch mit einer großen Wasserfontäne. In deren Nähe kann man Platz nehmen, den beruhigenden Geräuschen des Wassers lauschen und den Blick über die herrlichen Bepflanzungen schweifen lassen. Mit ihren duftenden Blumen, Bäumen und Rasenflächen vermittelt der barocke Park den Eindruck längst vergangener Tage.

Das Schloss Charlottenburg blickt auf eine über 100-jährige Bauphase zurück. Im Zweiten Weltkrieg wurde es schwer beschädigt und in der Nachkriegszeit aufwendig rekonstruiert, um diesen bedeutenden Ort für die Nachwelt zu erhalten. Heute beheimatet die Residenz ein Museum und zeigt sich mit prächtigen Sälen, wertvollen Gemälden und weiteren Schätzen. Zu den Nebenbauten gehören der Neue Pavillon, das Mausoleum und das Belvedere, wo man die KPM-Porzellansammlung bewundern kann.

Die gewonnenen Eindrücke lassen sich bei einem anschließenden Spaziergang vertiefen. Ein lauschiger Platz auf den nahe gelegenen Liegewiesen versetzt einen wieder ins Hier und Jetzt. Berliner und Touristen tummeln sich im Grünen, tanken Sonne und schauen Kindern beim Spielen zu. Seit einiger Zeit sorgen weidende Schafe für die Pflege der Grünflächen. Sie sind von Ende April bis November zu sehen. Das freut Mensch und Natur!

Das Restaurant *Schlossgarten* erwartet seine Gäste mit regionalen und saisonalen Gerichten der deutschen Küche, das Café in der Großen Orangerie bietet Kaffee, Kuchen und Torten.

Die U-Bahn der Linie 2 bringt Sie bis zum Sophie-Charlotte-Platz.

77

Drachenberg
Teufelsseechaussee
14055 Berlin

DAS WANDERN IST DES MENSCHEN LUST
Drachenberg

Im Grunewald, dem schönen Ortsteil von Charlottenburg, liegt der knapp 100 Meter hohe Drachenberg. Seinen Namen verdankt er der beliebten Freizeitaktivität, der vor allem Familien auf der Erhebung gerne nachgehen: dem Drachensteigen.

In unmittelbarer Nachbarschaft befindet sich der etwas größere Teufelsberg, weshalb der Drachenberg auch Kleiner Teufelsberg genannt wird. Beide Anhöhen wurden entsprechend dem Nachhaltigkeitsgedanken aus den Trümmern Berlins geformt, die an diesem Ort aufgeschüttet wurden. Fast mahnend erinnern sie an die Zerstörung der Bombenangriffe. Schutt und Asche der Stadt dienen heute Einheimischen und Touristen als Wandergebiet und zur aktiven Freizeitgestaltung.

Erreicht man den S-Bahnhof Grunewald, führt eine kurze Wanderung durch den Wald, bis man den Berg erklimmen oder über die Treppe besteigen kann. Seine Spitze ist nicht bewaldet und bietet einen herrlichen Rundblick über die Metropole und auf den Teufelsberg nebenan. Drachensteigen wird auf diesem freien Gelände – nicht nur für Kinder – zum reinsten Vergnügen. Bei klarer Sicht sind fantastische Sonnenuntergänge garantiert – mit einem Picknickkorb ein unvergessliches Erlebnis. Auch der Feuerwerkswettbewerb *Pyronale*, der jährlich Anfang September stattfindet, sowie andere Events lassen sich von hier oben mit bester Aussicht verfolgen.

Für alle, die längere Wanderungen lieben, lohnt sich der Abstieg über einen schmalen Weg, der wieder hinauf auf den Teufelsberg führt. Historisch interessierte Besucher können dort an einer Führung teilnehmen.

Ruhig mal in den eigenen vier Wänden oder im Garten nach gebrauchten oder ungenutzten Materialien suchen und einen Drachen selbst bauen! Das erhöht den Spaßfaktor und spart Müll!

Nehmen Sie die S-Bahn-Linien 3, 5, 7 oder 75 bis zur Station Grunewald.

78

Teufelsberg
Radarstation Teufelsberg
Teufelsseechaussee 10
14193 Berlin
www.teufelsberg-berlin.eu

NACHHALTIGE ENTWICKLUNG
Teufelsberg

Der Berliner Teufelsberg, der seinen Namen dem nahen Teufelssee verdankt, ist nach den Arkenbergen in Blankenfelde der zweithöchste Hügel der Stadt. Der Nachhaltigkeitsgedanke des Trümmerbergs zieht sich wie ein roter Faden durch seine Geschichte: von seiner Aufschüttung bis zur heutigen Nutzung als historische Freizeit- und Begegnungsstätte.

Aufgrund seiner immensen historischen Bedeutung wurde der Berg 2018 unter Denkmalschutz gestellt. Während der Zeit des Nationalsozialismus sollte an diesem Ort in den 1940er-Jahren eine Wehrtechnische Fakultät entstehen. Der Rohbau wurde nach dem Ende des Zweiten Weltkrieges gesprengt, und in den 1950er-Jahren begann die Auffüllung mit dem Trümmerschutt der zerbombten Häuser. Die amerikanischen Alliierten nutzten die Erhebung wiederum zur Flugüberwachung und als Abhörstation. Fünf Radarkuppeln stehen unübersehbar als Zeitzeugen dieser Ära auf dem Berg. Nach Abzug der Amerikaner diente er bis zum Ende des 20. Jahrhunderts als Radarstation. Heute werden die Gebäude nicht mehr genutzt, doch das Freiluftgelände hat sich zu einem beliebten Ausflugsziel entwickelt.

Zu Beginn der 1970er-Jahre begann die landschaftliche Umgestaltung durch das Auffüllen mit Boden, Sand und einer Million Bäumen. Zudem wurden Wintersportmöglichkeiten geschaffen. Skihang und Langlaufloipe haben in der kalten Jahreszeit eine gute Auslastung. Spaziergänger, Jogger, Gleitschirmflieger und Fahrradfahrer nutzen das weitläufige Areal, um sich sportlich zu betätigen. Erwähnenswert ist der jährliche Silvesterlauf über den Teufelsberg, der am Mommsenstadion startet.

Auf dem Teufelsberg werden Führungen angeboten, die sich für diejenigen empfehlen, die über die Geschichte des Platzes mehr erfahren möchten. Tickets sind über die Website erhältlich.

Die Anfahrt erfolgt mit der S-Bahn bis Heerstraße und weiterführend mit dem Bus M49 zur Station Mohrunger Allee.

79

Naturschutzzentrum Ökowerk Berlin e. V.
Teufelsseechaussee 24
14193 Berlin
030 00050
www.oekowerk.de

PLATZ FÜR GROSSE ENTDECKUNGEN
Naturschutzzentrum Ökowerk Berlin

Ein Abstecher in den Grunewald lohnt sich immer. Die Landschaft ist herrlich grün, die Luft tut gut. Erlebnisreich wird der Ausflug, wenn man ihn mit einem Besuch im *Ökowerk* verknüpft. Das Naturschutzzentrum ist ein Ort, der eine Verbindung zu Flora und Fauna schafft und ungestörte Beobachtungen ermöglicht. Das Gelände dient als Lebensraum für zahlreiche Tiere und Pflanzen.

Neben einer Teichlandschaft, in der sich die Frösche sehr wohl fühlen, wurde ein großer Gartenbereich angelegt. Er umfasst einen Stein-, einen Blütenbesucher-, einen Heilkräuter- und einen Biogarten sowie eine Streuobstwiese. Schmetterlinge, Käfer und über 120 Bienenarten finden in diesem Paradies optimale Bedingungen. Sämtliche Gärten werden möglichst naturnah gehalten, Wildpflanzen haben Vorrang gegenüber Zuchtformen. Entsprechend sind natürliche Lebensräume wie Hecken, Teich, Felsen und Wiese in das Erlebnisgelände eingepflegt. Das denkmalgeschützte historische Wasserwerk beheimatet unter anderem das Informationszentrum *Wasserleben*. Dort darf gebaut, gelesen, geforscht und experimentiert werden. Kinder können aktiv spielen und lernen. An den Wochenenden werden familiengerechte Freizeitaktivitäten angeboten, in den Sommer- und Winterferien spezielle Ferienprogramme. Auch Themen-Kindergeburtstage können im *Ökowerk* gefeiert werden.

Die wunderschöne Lage ist perfekt für einen Bildungs- und Erholungsort. Macht der Streifzug über das Gelände hungrig und durstig, bietet sich eine Pause im Bistro an. Sein Angebot reicht von Kaffee, Kuchen und Torten über Eis bis hin zu Vollkornpizzen und Säften in Bio-Qualität.

Führungen sind möglich, sollten aber im Vorfeld online oder telefonisch gebucht werden. Am besten den Besuch mit einem Spaziergang im Grunewald kombinieren.

Die S-Bahn-Linien 3, 5, 7, 75 und die Busse X34, X49, M49 sowie 218 fahren bis zur Station Grunewald oder Heerstraße. Im Anschluss erreicht man das *Ökowerk* zu Fuß.

80

**Weichardt-Brot
Hauptgeschäft
Wilmersdorf**
Mehlitzstraße 7
10715 Berlin
030 8738099
www.weichardt.de

Filiale Zehlendorf
Clayallee 333
14169 Berlin
030 76232080

ERSTE IHRER ART IN BERLIN
Demeter-Vollkornbäckerei *Weichardt-Brot*

Wer ausgezeichnetes Bäckerhandwerk sucht, wird in Berlin vielerorts fündig. Auch Vollkornbäckereien gibt es einige. Bio-Qualität ist zudem bei zahlreichen Backstuben an der Tagesordnung. Wer aber all das unter einem Dach sucht, und das darüber hinaus auf dem höchstmöglichen Niveau, wird ausschließlich bei *Weichardt-Brot* fündig.

Zusätze wie Geschmacksverstärker, Fertigprodukte, industriell hergestellte Rohstoffe und sogar raffinierten Zucker sucht man bei dem seit 1977 bestehenden Betrieb vergebens. Stattdessen verfügt der Großteil der verwendeten Bio-Zutaten über Demeter-Qualität, die als strengstes Label für biologisch angebaute Lebensmittel gilt. Diese stammen von Demeter-Höfen, mit denen schon von Beginn an eine Partnerschaft besteht.

Das volle Korn wird in der Backstube schließlich zu Herzhaftem und Süßem verarbeitet. Vom Sauerteigbrot über Dinkel-Croissants bis hin zum Ciabatta ist für jeden Gaumen etwas Passendes dabei. Eine hauseigene Patisserie hat die Traditionsbäckerei ebenfalls zu bieten. Durch das Können der Konditoren, gepaart mit der Qualität der unbehandelten biologischen Zutaten, entstehen leckere Kuchen, Kekse und Pralinen in Bio-Qualität.

Wer es nicht in die urige Filiale in Wilmersdorf schafft, kann auch einen der mobilen Marktstände besuchen, an denen eine feine Auswahl des Sortiments angeboten wird: zum Beispiel beim *Ökomarkt am Kollwitzplatz* in Prenzlauer Berg. Wer dagegen ausgiebig Kaffee und Kuchen bei Weichardt genießen möchte, sollte die Filiale in Zehlendorf besuchen.

Im eigenen *Hofladen Kladow* am Kladower Damm 221 verkauft *Weichardt* sein gesamtes Brot-, Kuchen- und Patisserie-Sortiment. Die äußerst schmackhaften Rosinenbrötchen sind definitiv eine kleine Sünde wert!

Das Hauptgeschäft von *Weichardt-Brot* liegt zwischen den U-Bahn-Stationen Berlinerstraße und Blissestraße.

81

Wassermuseum Wasserwerkstatt
(Mai–September)
Dillenburger Straße 57
14999 Berlin
030 89732395
www.wassermuseum-berlin.de

PLANSCHEN, MATSCHEN, LERNEN
Wassermuseum mit Wasserwerkstatt

Wasser bedeutet Leben. In unseren Leitungen fließt es rund um die Uhr in großen Mengen. Für unsere Kinder ist der Zugang zu sauberem Wasser selbstverständlich. Erstaunlich sind allerdings die Eigenschaften dieses Urelements, die man auf einer Entdeckungsreise durch die *Wasserwerkstatt* des Wassermuseums in Wilmersdorf kennenlernt.

Die Werkstatt liegt auf dem Gelände der *Gartenarbeitsschule Wilmersdorf*, mitten im Grünen. Wasserratten dürfen sich von Mitte Mai bis Ende September nass machen und dabei mit Spaß lernen. Pädagogische Angebote für Kinder bis zu zehn Jahren vermitteln spielerisch ein umfangreiches Wissen rund um das Lebenselixier. Kitagruppen und Schulklassen sind willkommen. Schulkinder können während ihres Aufenthalts eigenständig an einer Aufgabe forschen und die Ergebnisse im Nachhinein innerhalb des Klassenverbands austauschen. Für einen besonderen Mehrwert führt das Team nach der Lernwerkstatt sogenannte »Wassergespräche« durch, bei denen das Neuerlernte vertieft wird und Fragen geduldig beantwortet werden.

Spielstationen und -experimente machen Freude beim Entdecken. Dabei wird darauf geachtet, dass möglichst kein Wasser verloren geht. Verschiedenste Auffangmöglichkeiten sorgen dafür, dass kein kostbares Nass verschwendet wird. Aus unterschiedlichen Materialien können zudem in Handarbeit viele Gegenstände zum Thema Wasser hergestellt werden. Für Großveranstaltungen kann darüber hinaus ein Wassermobil gemietet werden. Es verfügt ebenfalls über Spielstationen und fungiert als beweglicher Spiel- und Lernort.

Für Kinder, die in der warmen Jahreszeit Geburtstag haben, richtet das *Wassermuseum* gerne eine Feier aus.

Die Anfahrt zur Wasserwerkstatt erfolgt mit der U-Bahn-Linie 3 über den Breitenbachplatz sowie mit den Bussen 282 über die Dillenburger Straße und 249 über die Zoppoter Straße.

GESUNDHEIT, GENUSS UND SCHÖNHEIT
Naturkaufhaus

Zu einer Shoppingtour der anderen Art lädt das Naturkaufhaus in der Schloßstraße ein, einer beliebten Einkaufsmeile in Steglitz. Auf sieben Etagen findet der Kunde alles, was das Herz begehrt. Das breite Sortiment umfasst Bio-Lebensmittel, natürlich auch Veganes, Weine, Tees, Naturkosmetik, Bekleidung für Groß und Klein, Schuhe und Taschen, Heimtextilien und Schmuck. Sogar Yoga- und Esoterikfreunde kommen auf ihre Kosten.

Alle Hersteller der präsentierten Waren arbeiten ökologisch, zeigen Engagement für die Umwelt und garantieren faire Arbeitsbedingungen. Die Zertifizierung erfolgt durch unabhängige Institute. Bekleidung wird aus natürlichen Materialien gefertigt, die der Haut schmeicheln, Naturleder wird nur pflanzlich gegerbt. Das Naturkaufhaus beweist: Qualitativ hochwertige Mode nach ökologischen Standards und Chic schließen sich absolut nicht aus. Die Kollektionen bekannter Marken überzeugen. Einige Produkte überraschen zudem durch ausgeklügelte Innovationen: Rucksäcke, teilweise aus recycelten PET-Flaschen oder aus alten Airbags und Gurten hergestellt, sind nur ein Beispiel dafür.

Der Naturkosmetikbereich punktet durch bereits fertig produzierte Ware sowie Basisstoffe zur Herstellung eigener Körperpflege- und Reinigungsartikel. Besonders Allergiker und Menschen mit empfindlicher Haut können davon profitieren. Ergänzt wird das Angebot durch dekorative Kosmetik in großer Auswahl.

Sehenswert und funktional sind die hübschen Getreidemühlen. Sie ermöglichen eine frische und schonende Verarbeitung der Lebensmittel, sorgen dafür, dass die Nährstoffe erhalten bleiben, und stammen allesamt von renommierten Herstellern. Außerdem schmücken sie jede Küche – aromatischer Duft inklusive.

Für einen Bummel über die sieben Etagen des Naturkaufhauses sollte man ruhig etwas Zeit einplanen – es gibt viel zu entdecken!

Fahren Sie mit der U-Bahn bis zur Station Schloßstraße. Auch diverse Busse stoppen an dieser Haltestelle.

83

**Botanischer Garten
Botanisches Museum**
Königin-Luise-Straße 6–8
14195 Berlin
030 83850100
www.bgbm.org

HIGHLIGHT FÜR PFLANZENLIEBHABER
Botanischer Garten

Der Botanische Garten in Berlin rangiert mit seiner Größe und Vielfalt ganz vorne auf der Weltrangliste. Er entstand Ende des 19., Anfang des 20. Jahrhunderts und gehört heute mit über 20.000 Pflanzenarten sowie dem dazugehörigen Botanischen Museum zu den drei bedeutendsten Botanischen Gärten der Welt.

Die Erforschung der Lebensweise der Pflanzen und ihre Erhaltung sind nicht nur spannend, sondern auch essenziell für die kommenden Generationen. Das Thema Nachhaltigkeit wird an diesem Ort großgeschrieben. Es ist demnach nicht verwunderlich, dass Berliner wie Touristen von den Bildungsangeboten reichlich Gebrauch machen. Einzel- und Gruppenführungen können gegen Entgelt gebucht werden.

Ein Spaziergang durch den Garten eignet sich für die gesamte Familie. Über die Wege zu schlendern und den Gedanken freien Lauf zu lassen, versetzt einen unmittelbar in Urlaubsstimmung. Lärm und stickige Luft der Großstadt sind schnell vergessen, während man in die grüne Pracht eintaucht. Kinder können auf Entdeckungstouren gehen, ohne auf den Verkehr achten zu müssen. Etwas Außergewöhnliches stellt der Duft- und Tastgarten dar, welcher in Hochbeeten angelegt ist. Auf diesem Areal erlebt man die Pflanzen buchstäblich hautnah.

Das angegliederte Museum ist das einzige seiner Art in Mitteleuropa und beheimatet besondere Fundstücke aus der Natur. Das Große Tropenhaus, erbaut im Jugendstil, bietet jedem Besucher zudem ungeahnte Eindrücke und arbeitet so energieeffizient wie möglich.

Natürlich wird im Botanischen Garten auch für das leibliche Wohl gesorgt. Das Restaurant *Landhaus* serviert regionale Küche und besticht durch seine großartige Lage. Des Weiteren gibt es ein Café und eine Cafeteria.

Die Anfahrt erfolgt mit den Buslinien 101, M48 und X83 sowie der S1 bis zum S-Bahnhof Botanischer Garten.

84

Domäne Dahlem
Landgut und Museum
Königin-Luise-Straße 49
14195 Berlin
030 6663000
www.domaene-dahlem.de

BIO-HOF FÜR GROSS UND KLEIN
Landgut und Museum *Domäne Dahlem*

Vor allem im Süden Berlins liegen kleine, aber feine grüne Oasen verborgen, die eine Auszeit vom Stadttrubel ermöglichen. Solch ein Ort ist der historische Schaubauernhof *Domäne Dahlem*, der kleinen wie großen Besuchern die umweltschonende Landwirtschaft näherbringt.

Erwachsene können mitsamt Nachwuchs auf dem Areal den ganzen Tag Tiere beobachten und traditionellen Sorten Gemüse und Obst beim Wachsen zusehen. In regelmäßigen Abständen finden auf dem seit über 800 Jahren bestehenden ökologischen Landgut Veranstaltungen statt, die Kindern die Landwirtschaft eindrucksvoll erklären und die Wichtigkeit des biologischen Anbaus in den Vordergrund rücken. An einigen Wochenenden werden zusätzlich saisonale Events rund um die Produkte der jeweiligen Jahreszeit organisiert – zum Beispiel der Kartoffelmarkt oder der Brandenburger Spezialitätenmarkt.

Auf dem Gelände veranschaulicht ein Museum außerdem die komplette Kette der Ernährungswirtschaft. Von der Herstellung über die Verarbeitung bis zum Verbrauch – vom Acker auf den Tisch – zeigt die Ausstellung die gesamte Bandbreite der Produktion von Nahrungsmitteln. Zahlreiche historische Geräte werden noch heute auf dem Hof verwendet und können somit im Einsatz begutachtet werden.

Für das leibliche Wohl wird im hofeigenen Restaurant *Landgasthaus* gesorgt, in dem großer Wert auf den Einsatz regionaler Erzeugnisse gelegt wird, natürlich in Bio-Qualität. Zum Nachtisch gibt es Kaffee und Kuchen. Im Hofladen können die selbst produzierten Waren zudem erworben werden. Dieser ist auch ohne Besuch des Hofs zugänglich. Ein Muss für Berliner und Touristen!

Unbedingt mit den Kindern einen der Kurse besuchen. Besonders empfehlenswert ist Töpfern. Außerdem lohnt sich die gemütliche Fahrt über den Hof, bei der man in Ruhe Tiere und Natur bewundern kann.

Sie erreichen die *Domäne Dahlem* mit der U-Bahn-Linie 3, den Buslinien M11 und X83 über den Bahnhof Dahlem-Dorf. Die Linie 110 fährt bis zur Station Domäne Dahlem.

85

Sonnenhaus
Teltower Damm 310
14050 Berlin
030 26567033
https://sonnenhaus.berlin

NATURPÄDAGOGISCHER ABENTEUERSPIELPLATZ
Kinder- und Jugendfreizeiteinrichtung Sonnenhaus

Die Umwelt erleben, mit Tieren spielen und diese verpflegen oder einfach nur im Freien toben – all das wird den Kleinen ab sechs Jahren in der naturpädagogischen Kinder- und Jugendfreizeiteinrichtung *Sonnenhaus* ermöglicht.

Das Projekt entstand bereits Ende der 1970er-Jahre auf Initiative einer Gruppe Jugendlicher, die einen Raum für ihre Freizeitgestaltung und Entfaltung suchten. Vom Bezirksamt zugeteilt wurde ihr das Areal am Rande Zehlendorfs an der Grenze zu Brandenburg. Inzwischen bietet der Abenteuerspielplatz und Erholungsort für Groß und Klein ein naturnahes Lernkonzept.

Auf dem rund 3.500 Quadratmeter großen Gelände werden zahlreiche Aktivitäten angeboten. Eine Werkstatt sowie ein ökologisch angelegter Kräutergarten bieten Jungen und Mädchen einen außergewöhnlichen Erlebnisraum. Sogar ein Teich, eine Feuerstelle und Baumplattformen laden zum Erkunden und geselligen Miteinander ein. Durch die Gemeinschaft werden gleichzeitig soziale Komponenten geschult und ein freundlicher Umgang gelebt. Neben der eigenständigen Beschäftigung können Kinder und Jugendliche an zahlreichen Kursen teilnehmen, die nach der Schule und in den Ferien stattfinden: Bei der breiten Palette von der Keramik-AG bis zum Slow-Food-Backhandwerk dürfte für jeden etwas Passendes dabei sein.

2018 eröffnete zudem der *Sonnenhaus-Umsonstladen*. Dort können nicht mehr benötigte Dinge wie Spielzeug oder Kleidung abgegeben werden, woran sich andere wiederum erfreuen können. Das *Sonnenhaus*, das sich in freier Trägerschaft des *Deutschen Schreberjugend Landesverband Berlin e. V.* befindet, ist auf Unterstützung angewiesen, um dauerhaft bestehen zu können.

Interessierte können ein Freiwilliges Ökologisches Jahr verrichten. Neben der Möglichkeit, sich für Natur und Umwelt zu engagieren, erhält man Einblick in die Arbeit mit Kindern und Jugendlichen.

Die Anfahrt erfolgt mit dem Bus X10 bis Alt-Schönow oder der Linie 285 bis Beeskowdamm.

86

Schlachtensee
Am Schlachtensee
14129 Berlin

Fischerhütte am Schlachtensee
Fischerhüttenstraße 136
14163 Berlin
030 80498310
www.fischerhuette-berlin.de

BADEN, PADDELN, SCHLEMMEN
Schlachtensee

Der Schlachtensee gehört zur Grunewaldseenkette. Er ist der größte der Binnengewässer und liegt eingebettet zwischen Krumme Lanke und Wannsee. Sein Ursprung reicht rund 15.000 Jahre in die Vergangenheit zurück. Aufgrund der guten Wasserqualität erfreut er sich großer Beliebtheit bei Anglern und Badegästen. Egal, ob an Land oder im Wasser – eine Auszeit vom Alltag ist garantiert.

Die Liegewiesen verfügen über schattige Plätze, die einen Zugang ins kühle Nass ermöglichen. Schwimmer kommen auf ihre Kosten, und die Gegebenheiten sind auch für die Kleinsten geeignet. Für ausreichend Abwechslung sorgt ein Spielplatz. Ein Uferweg, umgeben von Wald, lädt zu ausgiebigen Spaziergängen ein – wer es sportlicher mag, joggt! Hier kann man tief durchatmen, Natur und frische Luft sowie eine schöne Aussicht genießen! Eine Tour übers Wasser sollte man sich zudem nicht entgehen lassen. Boote können vor Ort gemietet werden; für die etwas Mutigeren wird Stand-up-Paddling angeboten.

Unmittelbar neben der Verleihstation warten kulinarische Genüsse in der *Fischerhütte*. Sie wurde in der ersten Hälfte des 18. Jahrhunderts erbaut und ist heute ein beliebtes Ausflugsziel. Das Restaurant mit gutbürgerlicher, traditioneller Küche punktet mit einer großzügigen Terrasse, einem Biergarten und einer Weinhandlung mit Bar. Das Obergeschoss beheimatet einen großen Festsaal – ebenfalls mit Terrasse –, der besonderen Anlässen vorbehalten ist. Im Winter verbreitet ein Kamin eine wohlige Atmosphäre. Der ganzjährig stattfindende Sonntagsbrunch lässt sich hervorragend mit einer Wanderung um den See verbinden.

Der Kinderspielplatz liegt in unmittelbarer Nähe des Restaurants, sodass sich die Kleinen frei bewegen können.

Die Anfahrt erfolgt mit den Buslinien 118 bis Mexikoplatz, 112 bis Lückhoffstraße oder der S-Bahn-Linie 1 bis Berlin-Schlachtensee.

87

Vierfelderhof
Groß-Glienicker-Weg 30
14089 Berlin
030 3699690
www.vierfelderhof.de

LANDWIRTSCHAFT TRIFFT LEIDENSCHAFT
Vierfelderhof

Wer eine Auszeit vom bunten Treiben der Großstadt sucht und gemeinsame Zeit mit der Familie verbringen möchte, ist auf dem Vierfelderhof in Gatow genau richtig. Gearbeitet wird nach ökologischen Standards mit artgerechter Tierhaltung und Bio-Zertifizierung.

    Die Besucher erleben aus nächster Nähe einen bäuerlichen Betrieb. Bei einem Rundgang über das Gelände begegnet man weidenden Tieren, streift Felder und saftige Streuobstwiesen mit alten Fruchtsorten. Arbeitsabläufe werden anschaulich und praktisch erklärt. Es darf gesät, geerntet, gepflanzt, gefüttert, gepflegt, gekocht und gebacken werden. Dadurch wächst das Verständnis für die ökologische Landwirtschaft und prägt zukünftige Entscheidungen. Kinder finden paradiesische Bedingungen mit einem traumhaften Spielplatz, einer Hüpfburg aus Heu und einer Bastelwerkstatt vor. Auch ein Traktor kann erklommen werden. Spielerisches Lernen mit Spaß einfach gemacht!

    Das Hofcafé sorgt fürs leibliche Wohl. Regionale und täglich wechselnde Tagesgerichte werden mit ofenwarmem Brot angeboten. Die Lebensmittel stammen aus eigenem Anbau und eigener Haltung. Kuchen wird jeden Tag aufs Neue gebacken. Im Hofladen werden darüber hinaus alle Produkte des Bio-Hofes und der nahen Region verkauft. Sie landen direkt vom Feld im Laden, sind absolut frisch, hochwertig und haben eine ausgezeichnete Ökobilanz.

    Regelmäßig finden ergänzend Hoffeste statt. In der warmen Jahreszeit sind Besucher zum Sommerfest und Erdbeerenpflücken eingeladen. Im Herbst und Winter wird das Martinsfest mit Laternenumzug gefeiert. Ein Adventsmarkt sowie Enten- und Gänseessen in der gemütlichen Hofscheune gehören ebenfalls dazu. Wer möchte, kann den eigenen Weihnachtsbraten auf dem Bio-Hof bestellen.

Beachten Sie die eingeschränkten regulären Besucherzeiten auf der Website; der Eintritt ist frei. Kindergeburtstage und andere Events dürfen gerne gebucht werden.

Sie erreichen den Vierfelderhof mit den Buslinien X34 und 134 über die Haltestelle Alt-Gatow.

88

Galerie Mutter Fourage
Chausseestraße 15a
14109 Berlin
030 8052311
www.mutter-fourage.de

KUNST, NATUR UND FEINKOST
Galerie *Mutter Fourage* mit Hofcafé und Gärtnerei

Die Galerie *Mutter Fourage* liegt idyllisch zwischen Berlin und Potsdam. Um 1900 wurde der Hof ursprünglich als Futtermittelhandlung (frz.: »Fourage«) gegründet und entwickelte sich ab den 1970er-Jahren zum immer beliebteren Kulturstandort im Grünen. Heute ist *Mutter Fourage* fest etabliert in der Kunst- und Kulturszene Berlins. Die Mischung von Kultur, Natur, Café und Feinkostladen verleiht der Galerie ein einzigartiges Flair.

Die Kulturscheune mit dem außergewöhnlichen Zollingerdach steht unter Denkmalschutz. Als Veranstaltungsort beheimatet sie ein abwechslungsreiches Programm mit Künstlern aus den Bereichen Musik, Theater und Literatur. Besonders gefragt sind die Sommerkonzerte. Genauso facettenreich gestalten sich die ganzjährig wechselnden Ausstellungen in der Galerie. Liebhaber werden beim Kunsthandel fündig, während ein Bilderrahmenatelier von Rahmungen bis Restaurierungen zahlreiche Dienstleistungen bietet.

Die Gärtnerei lädt die Besucher wiederum zu einem Rundgang ein: Einheimische und exotische Pflanzen gedeihen an diesem Ort natürlich, ohne den Einsatz von Pestiziden und Herbiziden. Neben Blumen, Stauden und Sträuchern können Pflanzgefäße und weitere Gartenartikel erworben werden.

Ein wunderbarer Ort zum Verweilen ist das Hofcafé, das Frühstück, Mittagessen, Kaffee und Kuchen kredenzt. Die verarbeiteten Produkte mit Bio-Qualität werden aus dem auf dem Gelände angesiedelten Feinkostladen bezogen. Dadurch werden kleine Bauern der Region unterstützt. Das Geschäft war einer der ersten Naturkostläden in Berlin. Es ist mit Liebe zum Detail gestaltet, gemütlich und präsentiert nicht nur hochwertige Lebensmittel, sondern zudem kleine exklusive Geschenke und Porzellan – hergestellt in einer Traditionsmanufaktur.

Im Frühjahr und im Herbst präsentiert sich das Kunsthandwerk auf dem Gelände der *Mutter Fourage*. Der Eintritt ist frei.

Nehmen Sie ab dem S-Bahnhof Wannsee die Buslinien 316, 118 oder 318 bis zur Haltestelle Rathaus Wannsee in unmittelbarer Nähe des Kulturstandortes *Mutter Fourage*.

89

Pfaueninsel
Pfaueninselchaussee/
Nikolskoer Weg
14109 Berlin
www.pfaueninsel.info

Wirtshaus zur Pfaueninsel
Pfaueninselchaussee 100
14109 Berlin
030 8052225
www.pfaueninsel.de

KÖNIGLICHES NATURSCHAUSPIEL
UNESCO-Weltkulturerbe Pfaueninsel

Grün, romantisch und wahrhaft königlich – so lässt sich die Pfaueninsel, gelegen im Südwesten der Havel, wohl am treffendsten beschreiben. Das autofreie Naturschutzgebiet gehört zum UNESCO-Weltkulturerbe. Märchenhafte Landschaft, exotische Tiere und historische Spuren machen es zu einem der beliebtesten Ausflugsziele Berlins.

Friedrich Wilhelm von Brandenburg nutzte das Stück Land in der zweiten Hälfte des 17. Jahrhunderts zur Kaninchenzucht. Damals trug es noch den Namen Kaninchenwerder. Die heutige Bezeichnung verdankt die Insel frei laufenden Pfauen, die unter Friedrich Wilhelm II. angesiedelt wurden. Für die königliche Familie wurde Ende des 18. Jahrhunderts ein kleines Schloss als Sommerresidenz erbaut. Zeitgleich entstand die Meierei: ein Schmuckbauernhof, der dem Adel gemäß Jean-Jacques Rousseaus Direktive »Zurück zur Natur« als Rückzugsort fernab höflicher Etikette dienen sollte.

Das Eiland ist überwiegend bewaldet, doch Wiesen und Sumpffläche sorgen für ein abwechslungsreiches Landschaftsbild. Ein Spaziergang um die Insel herum dauert circa eine Stunde. Jahrhundertealte Eichen und exotische Bäume strahlen Ruhe und Ursprünglichkeit aus. Die Pfauen nähern sich auf Armlänge an und zeigen ihr prächtiges Gefieder, was so manchem Besucher Beifall abringt. Unbedingt aufsuchen sollten Gäste den historischen Rosengarten, der einen unvergesslichen Duft verströmt. Neben den Pfauen bewohnen seltene Vogelarten die Insel. Seit 2010 grasen hier zudem Wasserbüffel und kümmern sich nachhaltig um die ökologische Landschaftspflege.

Für das leibliche Wohl ist gesorgt: entweder im Restaurant *Wirtshaus zur Pfaueninsel* in der Nähe des Fähranlegers oder am Imbiss auf der Spielwiese (nur während der Sommermonate). Der Eintritt auf der Insel ist frei, die Überfahrt mit der Fähre kostet ein kleines Entgelt.

Nehmen Sie die Buslinie 218 bis zur Haltestelle Pfaueninsel und setzen Sie dann mit der Fähre über. Die Überfahrt erfolgt in kurzen Abständen (Fahrradmitnahme nicht möglich).

KRIMIS AUS DER REGION

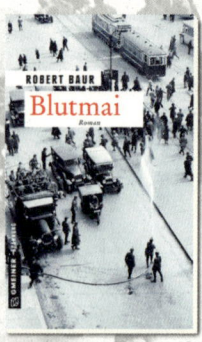
Baur,
Blutmai
978-3-8392-2290-4

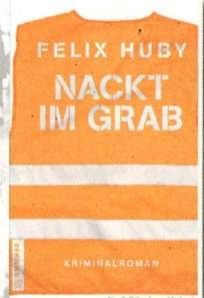
Huby,
Nackt im Grab
978-3-8392-2742-8

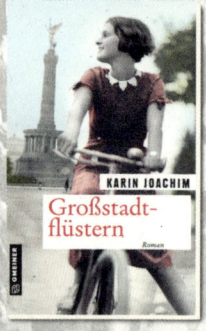
Joachim,
Großstadt-flüstern
978-3-8392-2718-3

Klausner,
Operation Werwolf – Blutweihe
978-3-8392-2745-9

Nüse,
Vier Tage im Juni
978-3-8392-2768-5

Wechselmann,
Reingewaschen
978-3-8392-2647-6

GMEINER SPANNUNG

WWW.GMEINER-VERLAG.DE
Wir machen's spannend